종교의 다양성을 위한

틀에 박힌
종교 이야기

종교의 다양성을 위한

틀에 박힌 종교 이야기

발행일   2016년 03월 16일

지은이   이 희 원
펴낸이   손 형 국
펴낸곳   (주)북랩
편집인   선일영   편집   김향인, 서대종, 권유선, 김예지
디자인   이현수, 신혜림, 윤미라내, 임혜수   제작   박기성, 황동현, 구성우
마케팅   김회란, 박진관, 김아름
출판등록 2004. 12. 1(제2012-000051호)
주소   서울시 금천구 가산디지털 1로 168, 우림라이온스밸리 B동 B113, 114호
홈페이지   www.book.co.kr
전화번호   (02)2026-5777   팩스   (02)2026-5747

ISBN   979-11-5585-984-1 03200(종이책)   979-11-5585-985-8 05200(전자책)

이 도서의 국립중앙도서관 출판예정도서목록(CIP)은 서지정보유통지원시스템 홈페이지(http://seoji.nl.go.kr)와
국가자료공동목록시스템(http://www.nl.go.kr/kolisnet)에서 이용하실 수 있습니다.
(CIP제어번호: CIP2016006600)

성공한 사람들은 예외없이 기개가 남다르다고 합니다.
어려움에도 꺾이지 않았던 당신의 의기를 책에 담아보지 않으시렵니까?
책으로 펴내고 싶은 원고를 메일(book@book.co.kr)로 보내주세요.
성공출판의 파트너 북랩이 함께하겠습니다.

종교의 다양성을 위한

틀에 박힌
종교 이야기

이희원 지음

이제부터 근본적인 의문을 하나씩 가져야 할 때다!

북랩 book Lab

이 글은 다음 중 최소 한 가지 사항에 해당되는 사람들을 위해 작성되었다.

- 종교를 가지고 싶긴 한데 나에게 어떤 종교가 맞는지 궁금하다.

- 현재 종교를 가지고 있으나 과연 신이 믿을 만한 존재인지 알고 싶다.

- 종교생활을 하고 싶으나 물질적인 것들을 헌납하고 싶지는 않다.

- 무신론자가 왜 신을 믿는지 질문하면 적당한 답변이 떠오르지 않는다.

여기에 나오는 이야기는 비교종교학자의 글도, 전문 신학자의 글도, 그렇다고 전투적인 무신론자의 글도 아니다.

오랫동안 개신교에서 복음을 설교하시는 목사님이나 깨달음을 위해 고행의 길을 걷고 계시는 수도승을 위한 글은 더더욱 아니다.

그저 본인의 믿음이 근원이 무엇인지 혼란스러운 종교인을 비롯하여 특정한 신을 믿지 않거나 성스러운 것에 크게 의지하지 않는 비종교인들을 위한 가벼운 이야기다.

온갖 미디어를 통해서 한 번쯤은 들어봤을 만한 이야기이고, 특별나게 새로운 내용이랄 것도 없으며, 대단한 필력으로 감정을 휘어잡아 읽는 이의 마음을 변화시키고자 할 의도도 전혀 없다.

단지, 주위 분위기에 휩쓸려서 무심코 특정 종교에 빠져있다면 왜 중독되게 되었는지, 내가 올바르게 가고 있는 것인지, 머릿속에서 정리해 보고 환기시킬 잠깐의 여유를 가져보고자 함이다.

모든 꼭지의 글이 짧은 이유는 말하고자 하는 내용에 정답이 없기 때문이다. 정답이 없는 내용에 대한 긴 글은 아무도 읽고 싶지 않을 것이다.

내용이 복잡스럽게 보이지 않기 위해 성스러운 경전에 쓰여진 경구나 유명인의 말을 최대한 인용하지 않으려 했으나, 그만큼 간결하고 함축된 언어를 구사함이 어려워 부득이하게 고전과 명언들을 많이 인용하게 되었음을 밝힌다.

30년 이상의 신력神力을 가진 개신교 목사님이나 속세에 무관심한 어느 절의 주지 스님이 이 글을 읽을 리 만무하겠지만, 혹시라도 신앙심 깊은 이들이 이 글을 접한다면 자신의 믿음이 어디에서 왔는지, 나는 무엇을, 어떻게, 제대로 믿고 있는지, 진짜 나는 어디에 있는지 조용히 들여다보는 계기가 되었으면 좋겠다.

세상 모든 것을 다 알았다고 생각하고 더 이상의 공부는 필요 없다고 자만하는 사람은 분명 신께서도 별로 좋아하시지 않을 것이다.

자신이 겪은 지식과 정보의 한계에서만 생각하고 가둬 놓았던 종교에 관한, 신에 관한, 틀에 박힌 생각들을 조금씩 깨어서 서로서로 다양한 생각들을 인정해 주는 열린 마음들이 많아지기를 기대해 본다.

목 차

종교의 다양성을 위한
틀에 박힌
종교 이야기

선택

믿음의 기원이나 신의 존재 유무 등을 알아보기 전에 먼저 우리가 삶에서 얼마만큼의 선택권을 행사할 수 있는지 살펴보자.

우리 모두는 태어나면서부터 선택할 수 있는 권리를 박탈당한 채 세상에 던져진다. 처음 눈을 뜨는 순간부터 어느 누구도 자신이 처한 상황을 고를 수 있는 기회를 갖지 못한다. 우리는 피부색을 고를 수 없으며, 성별을 정하지 못하고, 어디에서 태어날지, 부모의 재산은 어느 정도인지, 키는 얼마나 클 수 있을지, 눈동자와 머리카락은 어떤 색이며, 원만한 사회생활을 할 수 있는 바람직한 성격을 가질 수는 있는지 등 무엇 하나 마음대로 정하지 못한 채 삶을 시작한다.

그럼 종교를 선택하는 것도 마찬가지일까?

　아이가 출생 환경을 고르지 못하는 것과 비슷하게 우리는 종교 선택권 또한 좀처럼 원하는 대로 가질 수 없다. 아이는 태어난 곳의 환경에 지배적인 영향을 받으며 부모의 종교를 따라서 믿음을 결정하게 된다.

　이슬람교도의 비율이 절대적인 사우디아라비아에서 태어난 아이가 유대교나 불교를 따를 가능성은 적을 수밖에 없을 것이며, 종교의 자유가 허락된 한국사회에서 알라를 믿거나 시바신 Śiva 이나 비쉬누신 Viṣṇu을 믿을 확률 또한 극히 희박할 것이다.

　종교를 선택하는 일은 각 나라별로 현재 처해진 정치·경제·문화적 환경을 벗어나서 개개인의 믿음만으로는 결정되기 어려움을 쉽게 생각해 볼 수 있다.

　종교와 관련한 간단한 역사적 가정을 해보자.

　313년. 로마 황제 콘스탄티누스[1]가 밀라노에서 칙령勅令을 하나 발표한다. 당시에 이단으로 박해를 받고 있던 기독교를 국가의 이름으로, 황제의 이름으로 처음 공인하게 된 것이다. 황제의 결정으로 인해 그간 몰수되었던 교회 재산이 기독교에 반환된 것은

---

1) Constantinus the Great(BCE 280~337): 세계 최초의 기독교 도시인 비잔티움(콘스탄티노플)을 건설. 승리를 뜻하는 라바룸 labarum 표시 ☧ 를 처음 사용하고 성 베드로 성당을 세우는 등 동방정교회와 로마 가톨릭교 양쪽 모두에서 성인으로 추대됨.

물론, 신도들은 더 이상 숨어서 몰래 기도를 하지 않아도 되는 신앙의 자유가 공식적으로 인정된 것이다.

밀라노 칙령은 표면적으로는 모든 종교에 대하여 무차별적인 신앙의 자유를 인정하는 선언문이었지만, 사실상 황제 개인이 - 또는 어머니 헬레나[2] 가 - 믿고자 했던 기독교에 대한 호의를 공개적으로 드러내 보인 것이기도 하다. 만일 황제가 그 당시 더 많이 유행하던 유대교나 조로아스터교[3], 조로아스터교에서 파생된 미트라교, 아니면 또 다른 신생 종교인 마니교[4], 기타 어떤 이름으로 불렸을지 모를 여러 가지 종교 중 한 가지에 더욱 관심을 가지고 지원했더라면 지금의 종교와 신앙의 문제가 얼마나 달라졌을지는 예측하기 힘들다.

태양신을 열렬히 숭배하던 황제였으니 굳이 기독교에 대한 관용을 베풀지 않고 태양신을 국교로 정해버렸다 해도 이상한 일은 아니었겠지만, 어차피 이런 가정은 그 후에 또 다른 수많은 변수로 인하여 뒤죽박죽 복잡한 역사를 만들어낼 뿐이다.

---

2) Helena(BCE 248~329): 콘스탄티누스 1세의 어머니. 고대 그리스어로 '태양'이라는 뜻. 그리스도가 매달렸던 십자가와 3일간 매장되었던 무덤을 직접 발견했다고 전해짐.

3) 페르시아인 짜라투스트라Zaraθuštra가 창시한 고대 페르시아 종교. 아후라 마즈다라는 선한 빛의 신을 믿음. 선한 신이 악한 신을 물리친다는 기본 교리는 후발 종교에 큰 영향을 미침. 정확한 기원을 알 수는 없으나 대략 BCE 1,000년 이상 전에 만들어진 것으로 추정됨.

4) 페르시아인 마니Mani 가 창시한 기원후 3C~7C경 융성했던 조로아스터교 계열의 종교. 조로아스터교는 물론, 기독교, 유대교, 불교, 자이나교 등 여러 종교의 교리를 융합.

로마가 멸망하지 않았더라면, 기독교가 십자군 전쟁에서 완전한 승리를 거두었다면, 오스만 튀르크가 멸망하지 않고 서방세계를 모두 점령하여 전 세계에 이슬람을 뿌리내렸다면 등등 끝나지 않을 '만약에' 게임이 가능하다.

아무튼 밀라노 칙령이 만들어진 원인이 황제의 개인 취향이었는지 로마 제국의 강력한 통치 체제를 강화하기 위한 수단이었든지 간에 그 결정은 역사에 커다란 방향타이자 굴레를 만들어 버렸다.

당시 미트라교[5] 신도이자 대제국의 일인자였던 황제가 선택한 종교가 모든 권력을 독점한 제왕의 시대에 일반 대중에 미친 영향은 절대적이었을 것이다.

이단으로 취급받던 기독교는 단번에 일등 종교의 지위를 부여받게 되었다. 동시에 로마 시민을 비롯한 제국의 영향력 안에 놓여있던 수많은 사람들의 삶 속에 야훼의 말씀과 그리스도의 사랑이 서서히 흘러 들어가기 시작했다.

밀라노 칙령 이후의 역사에서 누군가에게는 기쁨을 안겨주고 누군가는 절망 속에 빠지는 등 종교와 관련한 수많은 사건이 일어

---

5) 미트라Mithras라는 신을 믿는 1C~4C경 로마에 퍼진 신비교. 고대 페르시아 조로아스터교에서 영향을 받았다는 설도 있고, 인도의 힌두신과 같은 계열로 보기도 함.

났지만, 이 사건만큼 세계사와 종교사에 큰 영향을 끼친 일도 많지 않을 것이다. 큰 역사의 흐름에서 대다수의 사람들, 평범한 개개인들은 그저 원치 않는 흐름에 힘없이 휩쓸려갈 뿐이다.

한 가지 아이러니한 것은 콘스탄티누스는 죽을 때가 돼서야 기독교의 세례(기름부음)를 받을 수 있었으며 원래 종교였던 미트라교의 대제사장Pontifex Maximus지위를 유지했다는 사실이다. '태양신 God of Sun' 신자로서 태양신을 섬기던 의식을 버리지 못하고 지금의 기독교 예배일인 '일요일Sunday'을 만들어 버리면서.

뒤에 나올 역사와 관련된 글에서 좀 더 자세히 다루겠지만, 지금 우리가 믿고 따르는 - 또는 믿고 싶어하는 - 인생의 상당 부분을 함께하는 종교를 선택하는 문제에 있어서만큼은 개인들이 그 사실을 의식하든 의식하지 못하든 역사의 흐름으로부터 피할 수 없는 영향을 받게 되어 있다.

주변의 모두가 태양신에게 절을 하고 있는 상황에서 태양신이 마음에 들지 않아 달의 신이나 어둠의 신을 믿겠다며 주류에 반기를 들며 용감하고 소신 있는 선택을 하는 경우가 전혀 있을 수 없다는 말은 아니다.

다만, 소수의 저항자가 있을지언정 자신만의 선택 의지를 선뜻

표현하기 어렵고, 표현을 한다고 해도 사회와 제도의 압력으로 인해 개인이 원하는 선택을 쉽게 실행하기 어렵다는 것이다. 우리는 종교 선택의 자유가 완전하게 보장되고 선택지가 아무리 많은 곳에서 태어났다 하더라도 같은 인간이 만들어낸 거대한 틀 속에 묶여 살아야만 하는 유약한 존재임을 부인할 수 없다.

종교를 선택함에 있어 우리가 어떠한 결정을 내리고 어떤 선택이 만들어지도록 강요받는지, 심지어 강제 받고 있다는 생각조차 떠올릴 틈도 없이 받아들여지고 있는지, 여러 가지 관점에서 살펴볼 필요가 있겠다.

THINKING BOARD

기원

종교의 다양성을 위한

**틀에 박힌
종교 이야기**

기원

두려움과 호기심.

종교는 세상이 두렵고 알 수 없는 것들 투성이었고, 끊임없이 호기심을 불러일으키는 것들이 널려 있었으며, 동시에 지금과는 비교할 수 없을 정도의 빈약한 정보력을 가지고 있었던 초기의 인간에게는 필수적으로 장착해야만 하는 도구였을 것이다.

사냥을 할 때, 식물을 채집할 때, 잠을 잘 때, 무언가 유희활동을 할 때 등 모든 행동 하나하나가 공포감과 동시에 호기심이 뒤엉켜서 이루어졌다. 번개나 천둥 같은 처음 겪는 자연 현상에 두려움을 느껴야 했고, 섣부른 호기심에 썩은 고기나 독이 든 식물을 먹은 후 병을 앓거나 죽어버릴 수도 있는 상황에서 나약한 인간들의 머릿속은 온통 혼란스러운 미지의 것들로 뒤죽박죽이었을 것이다.

인간은 어느 날 우연히 이러한 두려움들을 없애줄 강력한 도구를 발견하게 된다. 바로 태양이다.

태양은 어둠과 공포로부터 우리를 완전히 벗어날 수 있게 도와주었다. 뜨거운 열과 따뜻한 빛에 대한 열망은 '빛나는 불덩어리'에 본능적으로 의존하게끔 우리 몸속에 자연스레 자리잡게 된다.

이런 연유로 고대 종교에서 신봉하는 대부분의 신 목록에는 항상 태양으로부터 파생된 빛과 불이 등장한다.

이집트에서는 태양신 라Ra가, 페르시아에서는 조로아스터교의 아후라 마즈다Ahura Mazdā가, 그리스·로마에는 헬리우스Ἥλιος와 헤파이스토스Ἥφαιστος신이, 북유럽에는 오딘의 아들 발데르Balder신, 힌두교의 아그니Agni신 등이 있으며, 가장 유명한 유대의 신 야훼YHWH는 모든 것의 근원인 빛을 창조하기에 이른다.(물론 다신교의 신들은 빛뿐만 아니라 인간사의 다른 여러 가지 영역 또한 동시에 관장하기도 한다.)

빛의 위력에 압도당한 인간들이 그 근원인 태양과 불을 숭배하게 되는 건 당연한 수순이었을 것이다.

빛에 굴복하여 신들의 무한한 사랑과 보호를 갈구하며 무조건적인 숭배를 하는 자들이 늘어나고 있던 와중에 호기심 강한 또 다른 무리들은 새로운 신과 접하게 된다. 바로 세상에 대한 의구심과 호기심에서 출발한 '깨달음'의 종교이다.

인도에서는 엄격한 신분 제도인 카스트 - 산스크리트어 varna - 에 찌든 힌두교에 대항하여 발생한 석가모니의 불교, 마하비라 महावीर의 자이나교[6]가 등장하였고, 중국에서는 주나라의 질서가 무너진 뒤 춘추전국시대의 혼란함을 평정하고자 노자의 도교, 공자의 유교 등이 탄생한다.

깨달음과 관련한 종교는 엄밀히 말하자면 종교라 보기 어렵다. 창시자가 직접 체험한 깨달음의 방법 내지 진리라고 생각되는 의견을 강조했을 뿐 본인이 유일신의 반열에 오르고자 의도한 바가 전혀 없었기 때문이다.

그저 누구나 깨우침을 통해 신이 될 수 있는 길을 열어놓은 선지자 - 또는 철학자 - 의 의도를 후대의 추종자들이 망각하고, 정작 본인들은 원치 않았을 신 대접을 2천년 세월이 훨씬 지나도록 계속하고 있을 뿐이다.

이제부터 근본적인 의문을 하나씩 가져야 할 때이다. 종교가 두

---

6) 불교와 마찬가지로 인도의 힌두교에서 비슷한 시기에 파생되었으며 불살생을 가장 중요시하는 종교. 극단적인 신도들은 입으로 들어오는 미생물을 죽이지 않기 위해 마스크를 쓰며, 발 앞의 벌레를 살생하지 않기 위해 빗자루로 쓸며 보행하기도 함. 생명 존중과 더불어 윤리적 삶과 금욕을 중요시하는 고행을 강조.

러움으로 인해 생겨났든 호기심을 충족시키고 진리를 탐구하기 위한 목적으로 만들어졌든 간에 세상에는 왜 이렇게 많은 종교가, 신이 존재하는 것일까?

가장 오래된 종교 중 하나인 힌두교의 나라 인도에는 최상급 신인 브라만Bráhman, 비슈누, 시바를 비롯하여 가네샤Gaṇeśa, 라크슈미Lakṣmī, 파르바티Pārvatī 등 인기 있는 신은 물론 이들 각각의 신이 다른 모습으로 세상에 변신해서 나온 화신Avatar을 모두 합하면 그야말로 셀 수 없는 많은 신들이 존재한다.

신도神道라는 독특한 종교문화를 가진 일본에서도 건국신화에 나오는 이자나기노 미코토伊邪那伎命, 아마테라스 오우미카미天照大神 등 주신을 섬기는 것은 물론, 일반 평민들도 죽으면 신이 될 수 있는 기회를 열어놓음으로써 1인 1신, 1인 다신을 믿을 수 있는 풍토가 조성되어 있다. 믿을 만한 신을 발견하면 무엇이든 신으로 인정할 만큼 무수히 많은 신들이 존재하는 것이다.

이미 수없이 많이 존재해오던 신들은 또 다른 방법으로 만들어지기도 한다. 같은 신을 믿는 기독교 내에서도 수많은 종파가 생기면서 서로 이단이라고 맞서며 생멸을 반복하고, 알라를 신봉하는 무슬림들은 여러 가지 '인간적 이유'로 수니파, 시아파로 또는 신비주의를 신봉하는 수피교Sufigari 등으로 다시 태어난다.

또는 마니교나 바하이교[7]처럼 기존의 유대교, 기독교, 이슬람교, 조로아스터교 등 갖가지 종교를 통합하여 새로운 종교가 만들어지기도 한다. 심지어 20세기 초의 베트남에서는 기독교, 이슬람교, 도교, 유교, 불교 등 5가지 이질적인 신들을 모두 인정하며 진정한 의미의 통합종교인 까오다이cao dai교를 만들어 내기도 했다.

그 밖에 동양 특유의 철학과 종교가 융합된 수많은 '종교적 사상'들의 갈래 또한 셀 수 없을 정도로 많다. 지금도 종교적 열망이 강한 어디에선가는 여전히 신들이 계속 탄생하고 있을 것이다.

가장 원초적인 의문점이 생길 수밖에 없는 부분이다.

왜 신은 하나가 아니고 여럿인가?

하나의 신만 있을 뿐인데 그 신을 인간들이 단지 오해하여 다르게 '해석'하고 있는 것인가.

아니면 무수히 많은 신들이 자신들의 관할 구역을 담당하며 하찮은 피조물들을 관리하고 있는 것인가.

---

7) 바하올라Bahá'u'lláh 가 19세기말에 창시한 아브라함 계통의 종교. 모세, 예수, 석가모니, 마호메트 등을 모두 신의 예언자로 간주하며, 모든 종교는 본래 한 뿌리임을 강조.

불가지론Agnosticism[8]이나 회의주의Skepticism[9]의 관점에서 볼 때 이렇게 많은 신이 있다는 것이 지나치게 비효율적인 것이라고 생각되어지는 건 당연하지 않을까 싶다. 왜 전능한 신은 자신이 직접 만든 피조물이 자신을 믿지 못하고 여러 신들에게 둘러싸여 있게 놔두었는지 의문이다.

자신을 따르는 피조물들이 얼마나 더 많은지 여러 신들이 인간처럼 경쟁하고 있는 것일까?

반대로 피조물들이 자신을 창조했다고 생각되는 신들을 만들어 낸 후 그들끼리 경쟁을 하고 있는 것일까?

확실한 건 현재까지의 우리의 지식과 경험과 이성으로는

이런 고차원적인 문제에 대해서 '정확히 알 방법이 없다.'

---

8) 인간이 감각을 통해서 인식하는 것은 사물의 본질이 아니라 본질의 거짓 모습인 현상에 불과하다고 보는 관점.

9) 인간의 인식은 모두 주관적이고 상대적이라 어떤 주장에도 궁극적인 판단을 내리지 않는 관점.

THINKING BOARD

언어

우리가 사회로부터 자유로울 수 없는 나약한 존재임을 다시 한 번 확인하면서 이제 신의 존재 유무에 관하여, 신이 계속 존재해 왔는지 혹은 만들어졌는지를 언어의 관점에서 알아볼 차례이다.

다음 경전들의 구절을 잘 음미하면서 읽어 보자.

תנ"ך	ऋग्वेद	القرآن

내용들이 잘 보이는가? 인쇄 오류가 아니다.

"태초에 하느님이 천지를 창조하시니라." 같은 성스러운 글귀들이 보이지 않는가.

아니면 당신의 신앙심이 조금 부족한 탓에 희미하게나마 무언가 읽을 수 있는 글자가 보이지는 않는지.

위 글자들은 첫 번째 것이 타나크Tanakh라고도 불리는 기독교 경전 중 구약성서의 히브리어이고, 두 번째 것은 힌두교의 주요 경전 중 하나인 리그베다Rigveda 의 산스크리트어 표기이다. 마지막은 이슬람교의 경전 꾸르안(코란)qurān의 아랍어이다.

일부러 원어로 표기한 이유는 이 민족의 언어를 모르는 사람들이 봤을 때 이해하기 더 어렵게 하기 위해서이다.

우리는 잘 모르는 언어를 접하게 되면 일단 해석할 수 없는 답답함을 느끼게 되고, 동시에 문자 자체에서 오는 무언가 신비로운 느낌을 가질 수도 있으며, 또는 뜻을 좀 더 알고 싶어 하는 마음을 갖게 되기도 한다.

하지만 가장 처음으로 생각나는 것은 역시 답답함이다. 자기가 알고 있는 언어만으로는 도무지 뜻을 어떻게 해석해야 할지, 발음은 어떻게 해야 할지 도통 알 수 없는 막막함이다.

다양한 인간들이 다양한 인간의 언어를 서로 완벽하게 느끼고 해석하며 공유하는 것이 가능할까. 좌뇌의 언어능력이 뛰어나고 우뇌의 공감능력도 특출나며, 동시에 좌뇌와 우뇌를 연결하는 뇌량腦梁의 네트워크 성능까지 뛰어난 천재들이 존재하긴 한다.

또 누구나 열심히 공부를 하면 어느 정도 원어민 수준에 가깝게 능력을 향상시킬 수도 있다. 단, 시간과 노력을 투자하지 않고 어느 순간 갑자기 원어민의 언어를 구사하는 것은 불가능하며, 원어민 수준에 도달하였다 하더라도 그들만이 자연스럽게 느낄 수 있는 똑같은 수준의 능력을 가지기는 힘들 것이다.

기본적으로 우리 인간이 사용하는 언어는 민족의 언어이자 특정 집단의 언어, 즉 외적으로 확장할 수 있는 한계가 뚜렷한 언어이다. 태생적으로 인간의 언어는 곧 자신의 세계를 규정하는 한계[10]일 수밖에 없다.

그렇다면 신의 언어는 어떤가.

신의 언어는 어떠한 경계도 없이 무한한 확장성을 갖고, 몰이해의 장벽도 없으며, 시간에 구애받지도 않는 그야말로 불멸의 언어

---

10) "언어의 한계가 곧 세계의 한계다."
　　독일 철학자 비트겐슈타인 Ludwig Wittgenstein(1889-1951)의 [논리철학논고]에 나오는 구절로 말로 표현할 수 없는 대답은 말로써 물을 수 없으며, 따라서 질문 또한 그 물음에 대한 답이 '인간이 이해할 수 있는 언어'로 가능한 것이어야 함을 의미.

라고 추측해 볼 수 있겠다.

그런데 빈 칸에 있는 세 가지 경전의 내용이 우리 눈에는 잘 보이지 않는다.(누군가는 내용을 읽고 있을지도 모른다.)

세 가지 성스러운 경전 모두 성령聖靈, 문자 그대로 성스러운 영혼에 의해서 쓰여졌다고 알려져 있다. 야훼의 말씀과 알라의 말씀과 브라만의 말씀이 피조물들에 의해 간접적으로, 인간의 언어로 걸러져서 기록되었다.

모세를 통하여 구약성서의 기본 틀이 만들어졌고, 사도 파울로스(바울)와 누가Λουκάς, 마태Ματθαῖος 등 다른 많은 저자와 편집자들이 신약성서를 만들었으며, 글을 읽지도 못하고 쓸 줄도 몰랐던 마호메트의 손을 통해 꾸르안이 완성되었다.

브라만의 말씀을 전해 기록한 베다는 기록자가 누구인지 정확하지 않지만 확실한 건 다른 경전들과 마찬가지로 여러 세대에 걸쳐 수많은 기록들과 이름 모를 편집자들의 손을 거쳐왔다는 사실이다.

왜 이렇게 모든 경전의 말씀들이 인간을 통해서 전해져야만 했는지에 대한 궁금증이 당연히 생기게 된다. 전능한 신이 피조물을 처음 만들 때 신의 언어를 보고, 읽고, 느낄 수 있게 인간의 언어로 해석할 수 있는 능력을 왜 머릿속에 넣어주지 않았는지 말이다.

만약 전능한 말씀이 정말 있었고 경전에 기록된 내용들이 세상의 기원과 미래를 설명해 줄 진리이자 금언이라면 왜 이렇게 구구절절 다양한 '인간의 언어'를 통한 해석의 여지를 남겨둬서 같은 신을 믿는 사람들끼리조차 서로 적대시 하고 싸우게 만들어 놓았는지 의문이다. 이런 불화의 가능성을 예측하지 못하신 것일까 아니면 이를 즐기시는 것인가.

또 하나의 의문점은 어디까지가 사실로서의 사건이고 어디까지가 은유와 비유를 들어 설명한 것인지를 종잡을 수 없다는 것이다. 신의 힘으로 바다를 가르고, 물을 건너고, 불치병을 고치고, 믿음이 충만한 자는 천국에 오르고 불복종자는 죽어서 지옥Ge-henna[11]으로 떨어진다는 등의 여러 가지 기적과 사후세계의 존재에 대한 불분명한 비유와 은유가 오직 말씀으로만 전해질 뿐이다.

---

11) 지옥
- 그리스·로마 종교: 하데스, 타르타로스 등 저승과 지옥의 혼합 개념.
- 유대교: 구약시대에는 시올Sheol, 죽은 자들이 들어가는 지하 세계(무덤)를 지칭. 신약시대에 와서 악인이 고통과 저주를 받는 지옥의 개념으로 변형.
- 북유럽 종교: 니블헤임 Niflheimr, 칼에 의해 죽지 않은 자들이 가는 저승과 지옥의 혼합 개념.
- 힌두교, 불교: 기본적으로 윤회輪廻를 바탕으로 한 삶 자체가 고통임을 강조. 팔열지옥, 팔한지옥 같은 지옥 개념 병용.

이러한 질문들에 대한 종교인들의 답변은 "그건 신의 뜻이 아니고 어리석은 인간의 잘못된 해석일 뿐이다", "진실된 말씀을 신앙으로 제대로 듣는지 아닌지를 시험하시는 과정이다", "초자연적인 신비는 어리석은 자도 알 수 있도록 쉬운 말로 적은 것이다" 등 한결같이 이해할 수 없는 인간의 언어로 해석하여 설득시키려 한다.

대답은 결국 '그분의 뜻을 인간은 알 수 없다'이다.

신의 언어를, 성령을 진심으로 받아들일 수 없어 천국에 들지 못하는 불쌍한 비종교인들은 어떻게 보상해 주실 것인가. 일부 관용적인 종교에서처럼 인간은 모두가 신의 자식들이니 결국 모두 다 신의 품으로 귀의할 것이라고 비종교인들을 위로해 주는 곳도 있다.

하지만 거의 모든 종교의, 경전의 기본은 믿지 않으면 축복을 받을 방법이 없는 일방통행의 길뿐이다. 인간을 만들 때 어리석은 피조물들에게 신의 언어를 해석할 유전자 하나를 몸속에 넣어주는 것이 그리도 어려웠는지 궁금할 따름이다.

인간의 언어로는 도저히 정의할 수도 없고, 이해할 수도 없는 신의 언어를 이해하고 믿는 부류와 죽었다 깨어나도 이해 못할 무리를 태초부터 구분하여 만들어놓고, 이미 정해진 계획대로 '피조물 인생 프로그램'을 실행중이라면 이런 신은 우리가 과연 '믿을 만한' 신인가?

똑같은 답변이 들려온다. '그분의 뜻을 우리는 알 수 없다.'

존재

종교의 다양성을 위한

틀에 박힌
종교 이야기

존재

앞서 본 신의 언어, 성령의 존재 유무와 본인의 믿음에 대한 근거를 진심으로 성찰해 보지 않았다면, 한번이라도 마음속 깊은 곳에서 진정으로 이해할 수 있는 신의 언어를 느껴봤는지에 대해 생각해 볼 필요가 있겠다.

우선 우리는 어디서 왔으며, 무엇이며, 어디로 가는가에 대한 기본적인 문제를 진지하게 생각해 본 적이 있었는지부터 고민해보자.

고민을 하기 위한 전제 조건은 지금 알고 있는 신의 언어를 잠시 생각하지 않는 것이다.

우리는 무언가가 되기 위해 '선택'되어진 적도 없고, '언어'를 알수도 느낄 수도 없다.

태어날 때부터 신의 목소리를 들은 기억이 있는가.

태어나는 순간을 기억하는 사람은 아무도 없을 것이다. 자궁을 비집고 나오는 순간이 무의식의 세계에서 어렴풋이 남아있다고 주장하는 사람이 있을 수는 있다. 무의식이 아닌 한두 살 때의 기억이 생생하게 떠오른다고 주장하는 사람들도 있을 수 있다.

허황된 생각이라고 이야기해주고 싶지만, 이런 주장을 하는 사람들을 모두 착각 속에 사는 사람이라고 마냥 비난할 수는 없다.

우리는 정말로 머릿속 깊이 자신의 탄생 순간을 경험했다고 믿고, 그 기억을 오래도록 간직할 수 있는 사람이 있다고 믿을 수 있다.

우리는 누군가가 아무리 파격적이고 황당한 생각을 가지고 있다고 해도 타인의 취향과 다양한 의견을 존중해 줄 수 있는 바람직한 세상 속에 살고 있기 때문이다.

그럼 이제는 태어난 후에 기억을 할 수 있을 만한 나이의 시절을 떠올려 보자. 여기저기 온 집안을 휘젓고 다니던 유아기도 좋고, 꿈 많은 초등학교 시절도, 슬슬 삶이 실망감으로 더해 가던 중·고등학교 시절이어도 좋다. 물론 성인이 된 후의 특정 시절을 떠올려도 괜찮다.

앞서 말한 가정 - 선택에서 자유로울 수 없고 성령을 해석하기가 불가능하다는 점 - 하에 진심으로 내 안에서 누군가로부터 어떤 성스러운 음성으로 명령, 조언 또는 경고 같은 말을 들었거나 '부름 받은' 것 같은 느낌을 가져 본 적이 있었을까?

다시, 우리가 실제 지나온 과거를 생각해 보자. 처음으로 종교 또는 종교적 의미의 은유들과 접했을 때를.

크리스마스 아침. 잠에서 깨어보니 이부자리 옆에 빨간 양말이 놓여 있고 그 안에 선물이 가득하다. 여기저기서 예수님의 탄생을 기뻐하는 찬송가가 들리고, 부모에 손에 이끌려 교회에 가니 무슨 말인지 이해는 못하겠지만 하느님의 말씀을 목사라는 사람이 수많은 사람들에게 설명해주고 사람들은 그의 말에 순간순간 맞장구를 치며 아멘을 외친다.

집에 돌아와서는 하루종일 방영하는 십계나 벤허 같은 성서시대의 TV 속 영화를 재미있게 본다. 저녁 식사 전 부모님은 가족의 평화와 안녕을 위해 신에게 무언가 부탁하는 듯한 말을 길게 늘어놓고 '그분'의 양식을 감사히 먹는다.

힌두교든 이슬람교든 아니면 이름도 외우기 힘든 수많은 종교들의 영향력 안에 있던 사람들도 비슷한 과정을 거쳤을 것이 분명하다. 비슷한 의례를 치르며 머릿속에 비슷한 감정이 의식하지 못

하는 사이에 심어지고, 우리의 삶이 차츰 지배당하기 시작했음을
부인할 수 없을 것이다.

자신의 생활권이 얼마나 많은 종교적인 것들로 둘러싸여 있는
지를 인식한다면 내 주위의 종교가 뇌에서 완전히 지워졌을 때,
진짜 나의 존재를 찾아가는 길이 좀 더 수월해지지 않을까 싶다.
왜 나의 존재에 특정한 신이 개입하여야만 하는지.

아무튼 우리는 모두 뜻하지 않게 태어났고, 부모로부터 물려받
은 소중한 육체와 정신 - 생각, 의식, 영혼 등 비육체적인 것들의
총합 - 을 가지고 있다.

정신이 육체 안에 속해 있어 육체와 죽든 살든 함께 한다는 이
론이 일원론一元論이고 정신과 육체가 서로 떨어져 있다는 주장이
이원론二元論이다.

우리 몸 속의 뇌기능에 대한 과학 지식이 발달하고 새로운 지식
이 계속 축적되면서 일원론이 대세가 되어가고 있는 추세이다. 하
지만, 여전히 내 몸 주위를 돌며 은밀하게 나의 껍데기를 지배하
고 있을 것 같은 '영혼이라 불리는' 어떤 것이 진짜로 없다고 잘라
말하기도 쉽지만은 않다.

'나는 어디에서 왔는가'라는 질문에 대한 예상답변들은 다음과

같이 여러 가지 유형이 있을 수 있다.

　1. 신이 나를 만들었다.

　2. 무언가가 나를 만들었다.

　3. 잘 모르겠다.

　4. 누가 나를 만들었는지 관심 없다.

　5. 나는 스스로 존재한다.

　어떤 선택을 하든지 간에 그 선택은 이미 정해져 있다. 태초의 순간을 기억해 낼 수 있지 않는 한 이에 대한 답변은 개개인이 살아온 환경에 좌우될 수밖에 없을 것이다.

　1번으로 알았으나 2번으로 넘어온 사람도 있고, 2번을 거친 후에 1번의 생활을 하고, 다시 과감하게(?) 5번으로 마음을 바꾸는 사람들도 있을 것이다.

　각각의 답변은 모두 타당해 보일 수 있다. 나의 존재 원인을 신으로, 나 자신으로, 다른 무언가로 등 정답을 한 가지로 강제할 수는 없겠다.

하지만 오컴의 면도날[12]을 잠시 빌려와서 생각해보면 1번에만 집착해야 하는 이유를 생각해 봐야 한다.

가장 단순한 사고를 가지고 생각한다면 2번이나 3번, 아니면 4번이 더 자연스럽지 않은가?(5번을 선택한 사람은 진정한 자유인이다.) 왜 특정한 신이 이 문제에 개입되어야 하는가.

오컴의 면도날은 굉장히 날카롭지만 다양하게 사용할 수 있어서 1번을 택한 사람들은 1번이 모든 문제를 가장 쉽게 설명해 줄 수 있는 최선의 답변이라고 얘기할 것이다.

안타깝게도, 계속 반복되는 말이지만 우리는 '선택'에서 자유로울 수 없고 '언어'를 해석할 능력이 없다. 우리 존재의 이유에 어떤 원동력을 굳이 만들어야 한다면 2번이라는 좋은 대안이 있을 것이다. '무언가'라는 답이 분명히 존재하는데 굳이 특정한 '신'을 끼워 넣을 필요가 없다는 말이다.

우리가 어디서 왔고, 무엇이며, 어디로 가는지에 대한 적절한 답은 결국 3번이 되는 것이 더 설득력 있지 않은가.

하지만 우리 존재의 진짜 이유는 여전히 '알 수 없다.'

---

12) William of Ockham(1285~1349): 프란체스코 수도회의 수도사이자 철학자.
  본래는 어떤 사건을 판단할 때 '판단을 위한 실체가 필요 이상으로 늘어나서는 안 된다.'로 사용되었으나 근대 이후에는 '어떤 사실이나 명제를 판단할 때 불필요한 가정을 없애고 최대한 간단하게 생각해야 한다.'는 의미로 사용.

THINKING BOARD

선
악

종교의 다양성을 위한
틀에 박힌
종교 이야기

선
악

우리가 어디에서 왔는지에 대해 짧게 고민해 봤다.

이제 우리가 무엇인지, 어떤 존재인지에 대한 생각을 해보자.

세상은 '착한 존재'인가? '나쁜 존재'인가?

신의 존재 유무를 가지고 수천년 동안 고민해 온 것과 마찬가지로 선과 악이 무엇인지 알기 위한 노력은 여전히 인간의 능력으로는 알 수 없는 신비한 영역으로 남아 있다.

다행히 신과 관련하여 선악의 문제에 있어서만큼은 뛰어난 선인先人들의 혜안 덕택에 조금은 편하게 생각할 수 있는 길이 열려 있다.

"신은 악을 제거할 의지는 갖고 있지만 능력이 없는 것인가?

그렇다면 그는 전능하지 않다.

악을 막을 능력은 있는데 의지는 없는 것인가?

그렇다면 그는 악한 것이다.

악을 막을 능력도 있고 의지도 있는 것인가?

그렇다면 도대체 이 세상의 악은 어디에 기인한 것인가? 악을 막을 능력도 의지도 없는 것인가? 그렇다면 왜 그를 신이라 불러야 하는가?

- 에피쿠로스[13]

신의 능력과 선악에 관하여 이미 2천여년 전에 이렇게 명쾌한 논리를 펼친 에피쿠로스는 무신론자라는 오해를 받기도 하였지만 신의 존재를 부정하지는 않았다. 단지 특정한, 유일의 신이 존재하지 않는다는 것을 주장했을 뿐이다. 지금의 불가지론자나 회의주의자의 시조격으로 볼 수 있을 것이다.

에피쿠로스가 이룬 학문과 직접 실행한 내용들을 보면 여기저기 유일신이라고 주장하는 다양한 신의 말씀보다 이 철학자를 신봉하는 것이 더 합리적이지 않을까라는 생각마저 들게 만든다.

---

13) Epicouros(BCE 341~270): 그리스 철학자. 모든 종류의 불편함, 불쾌감을 제거하여 마음의 평안 ataraxia 을 위한 정신적 쾌락 추구를 강조.

그는 직접적인 관찰과 이론적인 추론으로 증명된 것을 제외하면 어떤 것도 맹신해서는 안 된다는 지금의 과학적 사고를 전파하고, 신을 두려워하고 맹목적으로 숭배하던 관습을 깨기 위하여 신앙생활을 단지 행복한 삶의 예시로 생각해 보는 것이 좋다고 권유했다.

또한, 정기적으로 여성들과 노예들을 그의 학파로 받아들여서 남녀차별과 인종차별에 반대하는 등 근본적인 인간 평등사상을 실천하기도 했다. 이 파격적인 모든 일을 지금처럼 종교의 자유가 보장되지 않았던(완전한 자유는 여전히 요원한 일이지만) '신들의 시대'에 행했다는 것은 현재의 관점에서 보면 경탄할 만한 일이다.

어찌 됐든 신이 선과 악을 제어하지 못하는 딜레마에 빠져있다면 이제 남은 선택은 두 가지뿐이다.

무능력한 신과 나쁜 신. 어느 쪽을 믿어야 할 것인가?

선한 의지는 가지고 계시나 능력은 부족하신 신이 그나마 나쁜 신보다는 '인간적'이니 능력이 없어도 착한 신을 믿어볼까.

아니면 세상의 모든 것을 창조한 신이 악도 만들어서 피조물들에게 끝없는 고통을 안겨주고 있는 못된 신을 믿어야 할까.

두 부류가 모두 아니라면 능력과 선악에 관계없이 그저 예측불

허의 무언가가 세상을 지배하고 있을 것이라는 주장이 더 설득력
있지는 않을까.

예측불허의 무언가는 또 무엇인가.

예측불허의 존재를 우리 몸 밖에서, 아니 지구 밖에서 찾는 사
람들이 있다. 인류의 기원, 고대문명의 발생 기원을 외계에서 찾
는 학자들과 그 추종세력들이 여전히 많은 활동을 하고 있다.

[지구연대기]를 통해서 최초 인류의 문명인 수메르 문명이 네필
림Nephilim[14]이라는 외계인의 도움으로 만들어졌다고 주장하는
제카리아 시친Zecharia Sitchin이나, [신들의 전차]를 통해서 고
대 문명 속에서 외계 문명의 흔적을 찾아내는 데 열중하여 급기
야 2012년 지구 멸망설 열풍에 혁혁한 공(?)을 세운 진지한 UFO
신봉자인 에리히 폰 데니켄Erich von Däniken등 주류학계에서는
잘 인정받지 못하는 아웃사이더들이 기존의 신학과 과학이 해결
하지 못한 부분을 채우기 위해 고군분투하고 있다.(학자들로부터는
외면당하고 있으나 SF영화, 게임 분야에서는 여전히 사랑받고 있다.)

지금 여기서는 이들을 비판할 생각도 없고, 옹호할 마음도 없다.

---

14) 창세기, 민수기 등 구약성서에 나오는 거인족 타이탄을 지칭. 외경外經인 에녹서Hanokh 에
는 천사와 인간 여자 사이에 낳은 자식으로도 표현. 고대 바빌로니아의 신화 에누마 엘리시
Enûma Eliš 에는 '하늘에서 떨어진' 신적인 존재로 묘사하고 있음.

단지, 앞서 살펴본 것처럼 우리와 신의 존재에 대해 '알 수 없음', '모름'을 떠올려 보면 우리가 여지껏 생각해왔던 신이 가진 선과 악의 개념은 아무 의미가 없음을 알 수 있을 것이다. 즉, 우리가 인격화시킨 신은 '특정한 마음'이 없어 보인다. 인간의 기준으로 제멋대로란 말이다.

유대의 하느님이든 기독교의 하느님이든 알라신이든, 그들의 신을 믿고 따르는 사람들로 가득한 국가에서조차 전쟁은 끊임없이 발생하고 있고, 기아에 허덕이는 사람들은 셀 수 없이 많이 있으며, 세상은 여전히 온갖 시기와 질투와 탐욕과 분노 같은 악한 감정들로 들끓고 있다.

과연 이런 고통스러운 세상에서 종교의 이름으로 벗어날 방법이 탐색되고 있는지, 그런 방법이 있기는 한 것인지, 고단한 인간의 삶은 전혀 나아질 기미가 보이지 않는다.

개개인의 신앙심이 아무리 강하고 그 조직이 아무리 세상에 널리, 많이 퍼져 있어도 그에 속한 어느 누구도 '불합리한' 신의 선택에서 벗어날 수 없다.

그렇다고 비종교인들이 특별히 더 많은 악에 고통받거나 악의 화신이 될 수 있는 여지가 많은 것도 물론 아니다. 반대로 비종교인들이 종교인들보다 더 많은 선에 둘러싸여 있고, 더 많은 선을 베풀고 있다고 말할 근거도 별로 없다. 신의 뜻은 종교인, 비종교인을 가리지 않는다.

차라리 영화 [프로메테우스][15]에서처럼 아주 먼 과거에 외계 생명체가 우연히 지구에 들러서 자신과 비슷하게 생긴 피조물을 만들어 놓고는 선악의 개념 따위는 관심도 없이, 그저 복지센터에 몰래 아이를 버려놓고 가는 나쁜 부모처럼 아이의 생사와 행복에는 무관심한 그런 존재를 신으로 보는 것이 더 자연스러워 보이는 이유이다.

신은 피조물들에게 무조건적인 사랑을 베푸는 것이 아니라 무차별적으로 사랑과 고통을 동시에 베푼다. 신의 사랑이 무엇인지 또한 우리는 알 수 없다. 신이 말하는 사랑 안에는 우리가 알고 있는 모든 악 - 살인, 전쟁, 자연재해, 분노, 시기심 등 - 의 개념마저 포함한 미지의 언어일지도 모르겠다.

동양에서도 선악에 대해 고민하고 정의 내리기 위해 여러 철학자들의 많은 노력이 있어 왔다. 성선설性善說을 주장한 맹자나 성악설性惡說을 고집한 순자도 있었다. 이 둘을 절충하여 성무선무

---

15) 리들리 스콧 감독의 2012년 작품. 에일리언 시리즈의 프리퀄로 외계 문명에 의해서 인류가 탄생했음을 가정한 SF 영화.

불선론性無善無不善論을 지지한 고자告者라는 인물도 있었다. 고자는 선과 악에 대한 개념을 다음과 같이 깔끔한 문장으로 정리하였다.

> "본성이란 갇힌 채 소용돌이 치는 물과 같아서 동쪽으로 트면 동쪽으로 흐르고, 서쪽으로 트면 서쪽으로 흐른다."

인간의 본성은 종잡을 수 없어 언제든지 선악이 바뀔 수 있고, 그 본성이 언제 어떻게 바뀌게 될지는 물길이 트이는 데로 달라질 뿐 아무도 알 수 없다는 뜻이다. 자연Nature과 신을 같은 선상에서 볼 수 있는 또 다른 이유이기도 하다.

인간처럼 행동하는 '유일신'과 인간의 모든 행동에 무관심하고 관대하게 내버려 두는 '자연신', 둘 중에 어떤 존재가 더 자연스러운가?

우리는 '알 수 없다.'

복그종

종교의 다양성을 위한
틀에 박힌
종교 이야기

복
종

신의 말씀에 타협이란 있을 수 없다.

독실한 기독교 신자라면 아침에 일어났는데 몸 상태가 조금 좋지 않다고 해서 주일 예배를 빠질 수 없을 것이고, 신실한 무슬림이라면 하루 다섯 차례의 살라트salat[16]를 드리지 않고는 마음 편히 쉴 수도 없다.

물론 독실하지 않은 나일론 신자일지라도 예를 제대로 갖추지 못하면 혹시 미미한 벌이라도 받게 될까 두려워 몸과 마음의 부담을 잔뜩 안고 찝찝한 마음으로 하루를 보내는 경우도 있을 것이다.

하나의 종교를 갖는다는 것은 절대적인 복종을 전제로 한다. 대부분 유일신을 따르는 종교에서는 신의 권능에 절대적으로 복종

---

16) 살라트صلاة : 이슬람에서 행하는 다섯 차례의 예배. 새벽, 낮, 오후, 일몰직후, 야간 등 5번 외에 여공餘功이라는 추가 예배도 존재.

하고 의지하여야 한다. 다양한 신의 존재를 인정하고 복합적인 신앙을 가지는 다신교나 자연신을 믿는 경우에도 각각의 특정한 신념이나 권위에 상당한 정도로 복종을 한다.

그렇게 해야만 자신이 믿는 것에 대한 당위성 내지는 누군가 나를 보호해 주고 있다는 든든한 우월감 같은 감정을 느끼게 되어서 더 깊은 믿음의 행위를 이어갈 수 있기 때문이다. 이슬람교는 아예 이름 자체가 '복종, 순종' الإسلام 을 뜻한다.

이러한 복종이 자발적인지 아닌지는 중요하지 않다. 마음에서 우러나와 신을 자연스럽게 섬기게 되어 자발적인 복종을 시작했다고 해도 복종이란 뜻에는 나의 뜻이나 의지가 들어설 여지가 원천적으로 봉쇄되어 있기 때문에 결국 신에 대한 무조건적인 믿음을 가져야만 하게 된다. 그것이 신의 권위이면 그나마 수긍이 갈 수 있겠으나 이런 복종을 일으키는 요인은 대부분 신을 받드는 인간의, 인간 조직의 권위일 가능성이 크다는 점이 문제이다.

인간이 권위 앞에 얼마나 나약한지를 깨닫게 해준 수많은 심리학 실험들이 시행되어 왔다. 가장 많이 인용되는 대표적인 실험이 스탠리 밀그램Stanley Milgram의 복종실험과 필립 짐바르도

Philip Zimbardo의 스탠포드 감옥실험이다.

실험 내용이 생각나지 않는 사람들을 위해 두 실험을 간단하게 요약하면 다음과 같다.

밀그램의 복종실험은 한정된 공간에서 '권위 있는' 실험 진행자(교수)의 지시에 따라 평범한 일반인 피실험자가 자신과 상관없는 사람(교수가 고용한 배우)에게 징벌(전기충격)을 대신하여 수행하게 했을 때 교수의 권위에 눌려 명령대로 수행할 수밖에 없음을 증명한 실험이다.

짐바르도의 감옥실험은 피실험자들을 대상으로 '권위 있는' 간수와 평범한 죄수 역할을 설정한 후 두 그룹으로 나누어 2주일 동안 서로 맡은 역할 대로 감옥 생활을 하게 했을 때, 어떠한 심리·행동 변화가 일어나는가를 관찰하는 실험이었는데, 예상대로 피실험자들은 진짜 간수, 진짜 죄수처럼 행동을 함으로써 각자가 처한 환경에 완전히 종속될 확률이 높다는 것을 밝혀낸 실험이다.

복종실험에서의 피실험자는 매우 위험한 수준의 징벌(400V 이상의 전기충격)을 강요받은 상황에서도 심리적 저항이 다소 있었으나 대부분 악행을 성실히 수행하였고, 감옥실험은 24명의 참가자들이 지나치게 자신들의 역할에 몰입하는 바람에 통제 불능의 상태가 되어 5일 만에 실험을 강제 종료할 수밖에 없었다.

위 실험들은 말 그대로 짜여진 상황에서의 실험이고 실제 생활
에서는 전혀 다른 결과가 나올 수도 있지 않을까 라는 의문을 가
질 수도 있고, 나라면 절대 그런 선택을 하지 않을 거라고 장담하
는 사람도 있을 수 있다. 하지만 막상 자신이 실제 그러한 권위의
장막 안으로 들어갔을 때 올바른 선택을 할 수 있을 것인지는 어
느 누구도 쉽게 확신할 수 없을 것이다.

역사의 무수한 사례들 - 악의 평범성의 대표적 예인 아돌프 아
이히만[17], 이라크 아부그라이 교도소의 교도관 사건 등 - 에서 볼
수 있듯이 대부분의 평범한 사람들은 단지 상사의 권위, 국가의
권위에 따라 근면하고 성실하게 맡은 바 임무를 수행해 왔고, 그
러한 권위에 저항할 생각조차 못한 것일 뿐이다. 어쩌면 오히려
그들이 피해자일 수도 있는 일이다. 이렇게 강력한 권위 안에서
자유로울 수 있는 사람이야말로 진짜 성인聖人이고 군자君子일 것
이다.

군이 이런 사례들을 들지 않고 당장 우리의 일상생활에서만 보
더라도 직장 상사의 위세에 눌려 부당한 명령에도 찍소리 못하고

---

17) Adolf Eichmann(1906~1962): 독일 나찌 친위대 장교. 히틀러의 명령에 따라 수많은 유대인
   들을 학살한 아우슈비츠 수용소의 실무 책임자. 이스라엘 정보기관에 체포된 후 처형. 그를
   연구한 심리학자 한나 아렌트는 아무리 평범한 사람이라도 사회·정치적 환경에 따라 별다른
   저항 없이 악행을 저지를 수도 있다는 '악의 평범성'을 주장함.

시키는 대로 일을 해야 하며, 교수의 권위에 휘둘려 학점을 구걸하면서 논문 통과를 위해 굽신거려야 하는 등 얼마나 많은 비굴한 경험들이 존재하는가.(이 글조차도 한 문장이면 끝날 이야기를 좀 더 설득력을 높이기 위해 '권위 있는' 박사님들의 실험결과를 제시하고 있다.)

하물며 온 세상을 만든 신의 권위에 도전하는 것은 피조물의 입장에서는 그야말로 상상도 할 수 없는 불경인 동시에 자신을 만든 부모에 도전하는, 즉 자기 자신을 부정하는 행위이기도 하다.

신의 권위를 빌어 권한을 대행하는 각종 대리인들(목사, 스님, 이맘 Imam, 샤먼 등)의 권위는 더 위험하다. 평범한 신도들은 자신에게 영향을 끼치는 대리 권위자에 대해서는 절대적인 존경과 믿음을 포함하여 일종의 책임감을 느끼지만, 그로부터 영향을 받은 행동의 내용 자체에 대해서는 책임감을 거의 갖지 못한다.

중세의 십자군 전쟁과 마녀사냥, 이슬람의 정복전쟁 등은 신의 이름과 권위를 빌려 대리인들이 주도한 지극히 인간적인 악행으로도 볼 수 있다. 그럼에도 불쌍한 신도들은 결과에 대한 책임을 - 설사 그 잘못된 행동에 주저하거나 죄책감을 느낀다 하더라도 - 감히 대리 권위자에게 떠넘기지 못한다.

더불어, 신의 말씀이 대리인을 통해 한번 걸러짐으로써 없던 내용이 추가되고, 기존에 있던 내용도 제멋대로 대리인의 입맛에 맞게 변조되어 당연한 것으로 받아들이게 된다.

동서고금을 막론하고 대리인들의 언행에 있어 일반 신도들이 무언가 불합리하거나 부조리한 면을 발견했더라도 섣불리 반대 의견을 내놓기는 어렵다. 기업화된 거대교회는 물론이거니와 자그마한 동네의 개척교회에서조차도 하느님의 일을 하고 있는 '목사'라는 그들의 권위에 위축되기 마련이다.

만약 무언가 잘못되어 보이는 사실에 대해 용감하게 '아니!'라고 의견을 던지는 사람이 있다면 강제적으로 또는 은근한 따돌림을 통해 조직 생활에서 멀어지게 된다.

"내가 있는 곳은 성직자들이나 신자들이 모두 수평적이고 마음이 열려 있는 사람들이 많이 있어 자유로운 의견을 낼 수 있는 좋은 곳이다."라고 항변하는 사람도 있을 수 있다. 그곳이 얼마나 분위기가 좋은 곳인지는 모르겠으나 애당초 종교라는 것이 권위에 복종할 수밖에 없음을 깨닫는다면 그런 자유가 그리 크게 느껴지지 않을 것이다. 자신이 몸담고 있는 성전에서 실제로 생각하고 행동할 자유가 어디까지 가능할지 생각해 보라. 복종 말고는 사실상 아무것도 없을 것이다.

아무리 생각이 깨어있어 개혁을 원하는 신자들이 많다고 하더라도, 신이 정한, 대리인들이 정한 틀을 깨지 못한다면 이미 그 안에서는 개혁하려는 의견 따위는 전혀 중요하지도 않고, 받아들여지지도 않는 닫힌 세계일 뿐이다.

대리인들의 권위는 처음에는 작은 것을 행하라고 권유한다. 꾸준히 예배에 참석하고, 좋은 말씀을 주위에 전파하며, 신의 이름으로 선행을 베풀어야 함을 강조한다. 이러한 비물질적, 정신적인 복종에 익숙해질 무렵 차츰 물질적인 것을 헌납하는 것에 대한 복종이 자연스럽게 강조되면서 천원, 이천원짜리의 가벼운 헌금이 어느 순간 생활비의 상당부분을 차지하게 되고, 결과적으로 대리인들의 삶만 풍요롭게 해주는데 커다란 기여를 하게 된다.
마지막에는 서서히 뜨거워지는 물에 개구리가 별다른 저항 없이 죽어가듯이 결국 내가 희생하고, 복종하며 아낌없이 주기만 하는 삶이 당연한 신의 뜻인 양 완벽한 복종이 이루어지게 되는 것이다.

불과 팔십여 년 전에 존재했던, 기이함으로는 세계에서 손에 꼽히는 백백교百百敎에서 벌어졌던 사건들이 떠오른다.

세상이 머지않아 멸망할 것인데 백백교 교주를 믿고 전 재산을 헌납하면 내세에 천국에서 영생을 누릴 수 있다고 꾀어 순진한 백성들을 유린한 사건이다. 엄격한 교리를 지키지 못한 수백 명이 살해당하고 수많은 사람들이 재산을 강탈당했으며 여신도들은 심한 성적 학대를 받아온 사실이 드러나게 되었다.

일제 강점기에 벌어진 최악의 광신교 사건은 극단적인 사례이긴 하지만 복종과 지배관계에서 얼마나 인간이 나약해질 수 있는지, 얼마나 사악해질 수 있는지를 잘 보여준다. 안타까운 것은 지금도 어디에선가 신도들의 완벽한 복종을 먹이 삼아 물질적, 정신적 착취 행위가 행해지고 있다는 사실이다.

이단으로 불리든 정파로 불리든 간에 근래의 종교가 예전과 다른 것은 '주기만 하는' 신도들과 '받기만 하는' 대리인들의 관계가 깔끔한 채권채무 계약을 맺는 것처럼 조금 더 고상해 보이는 형식으로 바뀌었을 뿐이다.

선한 의지를 가진 권위, 부드러운 카리스마를 모두 부정하는 것은 아니다. 다만, 그러한 권위에 굳이 신이 들어가야 하는 이유가 궁금할 뿐이다.

우리가 복종하고 있는 것은 신의 권위인가, 대리인의 권위인가?

우리는 '알 수 없다.'

THINKING BOARD

편견

종교의 다양성을 위한
틀에 박힌
종교 이야기

편견

인간은 놀랄 정도로 쉽게 편견에 빠진다. 무언가 자신이 알고 있다고 확신하는 것이 있으면 그것이 전부이고 진리인 양 믿어버리고 그와 다른 의견이 제시되면 일단 '그건 아니고~'의 마음부터 갖게 되는 경향이 강하다. 내가 보고 듣고 느끼고 경험한 것만 믿으려는 고집에 더해 누군가 권위 있는 자의 말 한마디가 덧붙여지면 최악의 '편견쟁이'가 되고 만다.

종교와 관련하여 특히, 성경과 연관된 수많은 편견들이 있겠지만, 가장 잔인하고 비인간적인 동시에 가장 비종교적이기도 한 인종人種에 대한 편견을 살펴보자.

성경의 내용은 워낙 방대하기도 하고 신성한 언어로 쓰어져 있어 갖가지 해석상의 논쟁을 불러일으키는 여러 가지 난제들이 존재한다. 선악과와 관련한 '유혹'과 '원죄'로 시작해서 노아의 방주에 나오는 '자연재해', 카인과 아벨 이야기에 나오는 최초의 '살인', 가나안 정복 '전쟁' 등 어떤 것은 편애의 대상이고 어떤 것은 증오의 대상으로 정해져 있는 등 설명하기 쉽지 않은 문제들이 산적해 있다.

그 중 흑인들에 대한 온갖 나쁜 이미지들을 만들어낸 구약의 창세기 9장과 관련한 내용이 있다. 9장의 주요 내용을 간단히 요약하면 다음과 같다.

> '노아가 포도주를 마신 뒤 취해서 벌거벗는다. 막내아들 함 חּם 이 아버지의 하체를 보고 놀라 다른 두 형제에게 알린다. 셈 שֵׁם 과 야벳 יֶפֶת 은 아버지의 벗은 모습을 보지 않으려고 뒷걸음쳐 들어가서 옷으로 덮어준다. 술에서 깬 노아는 함의 자손을 저주하고 셈과 야벳을 축복하도록 신에게 소원한다. 하느님이 노아의 뜻을 이뤄주신다.'

이게 도대체 무슨 경우인지 현재의 기준으로는 도저히 이해할 길이 없는 상황이다. 함이 아버지의 하체를 몰래 봤는지 대놓고 응시했는지, 아니면 부러워했는지, 비웃었는지는 모르겠으나 그것이 과연 신의 저주를 받을 만한 일이었는지, 왜 함이 아닌 함의 자손인 가나안 사람들에게 연좌죄를 적용하여야만 했는지도 현재의 인간의 언어로는 이해하기 어렵다.

개신교의 답변을 보면 이 사건은 부모님을 공경하라는 인류애적 사랑을 은유의 방식으로 표현한 것이라거나, 인간이 쉽게 유혹받기 쉬운 술이나 성적 방종 같은 죄의 본성에 근접하지 않도록 하기 위한 교훈을 내포하고 있다고 설명하기도 한다.

또한, 함의 자손인 가나안족이 죄를 대신 받을 수밖에 없는 것은 또 다른 성경 구절 - 노아는 그의 아들을 저주할 수 없다. 왜냐하면 그의 아들들은 하느님이 이미 축복한 대상이기 때문이다. 창세기 9:1 - 에서 이미 더 이상의 논쟁의 여지가 있을 수 없다고 한다.

아무튼 여기서 중요하게 짚고 넘어가야 할 점은 함이 아버지의 소중한 부위를 보고 안 보고의 문제가 아니라 창세기 9장으로 인해 흑인이라는 인종을 뼛속까지 노예의 신분으로 재정의하는 데 가장 큰 빌미를 제공했다는 데에 있다.

유대인들에게는 미드라시שרדמ라는 랍비들의 성경 주석서가 있는데, 성경 속 이야기들을 구절별 또는 주제별로 구분하고 종교적, 법률적, 윤리적 문제들을 다양한 관점에서 해설해 주는 책이다. 이 해설에 따르면 함의 후손들은 '노아의 저주에 따라 검고 추

한 존재가 되었다.' 고 한다.[18]

랍비의 권위를 빌려 해석한 흑인 정체성의 재정의 - 태어날 때부터 노예 근성을 가진 인종 - 는 인간세계의 지배자들이 통치를 수월히 하게 만들어 주는 사상적 버팀목으로 작용하였다.

포르투갈과 스페인 왕국에서 시작한 대항해시대의 정복사업은 노예사냥과 노예무역을 근간으로 성장을 하면서 기독교 중심의 세계관을 온 나라에 전파하기 시작했으며, 흑인들은 그 이후로 계속해서 집단 농장 등에서 노동력을 착취당하며 비참한 세월을 보내며 무자비한 제국주의와 산업화의 희생양이 되어갔던 것이다.

민족차별, 인종차별을 시작한 신의 이상한 분노는 흑인들 스스로 숱한 피의 투쟁을 겪고 난 후인 20세기 중반에 이르러서야 인종차별의 틀에서 조금이나마 벗어날 수 있게 되었다.

이러한 편견은 물론 기독교를 믿는 하얀 피부의 사람들만 가졌던 것은 아니었다. 흑도 아니고 백도 아닌 어중간한 피부색을 가진 서아시아, 중동의 아랍인들도 백인들과 거의 비슷한 수준의 노예무역으로 부를 쌓고 흑인들의 삶을 유린해왔다. 코란에는 흑인 차별에 대한 별다른 언급이 없는데도 불구하고 말이다.

---

18) 윤상욱, 〈아프리카에는 아프리카가 없다〉 (I.왜곡된 정체성) 시공사, 2012.

굳이 종교의 힘을 빌리지 않았었더라도 또 다른 편견으로 무장한 성직자, 정복자, 정치인들은 계속 나왔을 것이다. 그들에게 흑, 백, 황의 색깔 구분은 무의미했음이 분명하다. 힘없는 자들을 쉽게 부리기 위해 피지배자 스스로 노예일 수밖에 없는 태생적 한계를 심어주는 데 신의 권위만큼 쉽고 간편한 도구는 없으니 말이다.

중요한 것은 이러한 편견들이 신의 진정한 뜻과는 무관하게 신의 이름으로, 종교의 이름으로 자연스럽게 이뤄질 수 있게끔 좋은 핑곗거리가 되었다는 데에 있다.

한 번 잘못된 틀 속에 갇힌 인간의 마음은 그 관성에서 벗어날 엄청난 힘이 도와주지 않는다면 좀처럼 흔들리지 않고 계속 틀에 갇혀 있는 것을 선호한다.

지구가 태양계의 중심이라는 생각에서 벗어나는데 무려 1,500년 가까운 시간을 기다려야 했던 것처럼.

여전히 서로 다른 색의 피부를 가진 인종들끼리 마음속 어딘가에 자신들만의 아파르트헤이트Apartheid[19]를 만들어 놓고 자기

---

19) 남아프리카공화국 백인정권에서 1948년 법률로 공식화된 유색인종 차별정책.
   모든 사람을 인종등급으로 나누어 백인, 흑인, 혼혈인 등으로 분류, 인종별로 거주지 분리, 통혼 금지, 출입구역 제한 정책 등을 실시. 1994년 넬슨 만델라 대통령 시대에 완전 폐지.

와 다른 피부색의 사람들에 대하여 '다른' 행동을 하는 사람들도 존재할 것이다. 피부색을 떠나 지구 어딘가에서는 누군가가 현대판 노예생활을 하고 있다는 사례도 끊임없이 들려오고 있다.

　이 모든 편견은 신의 편견인가, 인간의 편견인가?
　우리의 지적 수준으로는 도저히 '알 수 없다.'

THINKING BOARD

종교의 다양성을 위한
**틀에 박힌
종교 이야기**

이
단

대부분의 종교는 이단異端의 역사를 가지고 있다.

예수는 당시 로마제국에서 유행하던 많은 종교의 틈바구니에서 이단으로 출발하였고, 불교의 창시자 고타마 싯다르타의 가르침의 시작은 힌두교로부터 파생된 아류亞流내지는 이단이었으며, 마호메트의 이슬람교는 같은 아브라함의 핏줄을 가진 유대교나 기독교로부터 이단 취급을 받아왔다.

다른 종교끼리는 물론 동일한 종교 내에서도 서로가 서로에게 이단의 죄를 뒤집어 씌우는 일을 반복해 왔고 여전히 그 관행은 이어져 오고 있다.

기독교 내의 이단 만들기 역사는 니케아 공의회에서부터 시작한다. 325년. 기독교를 최초로 인정한 콘스탄티누스 황제가 이번에는 교회 내부에 존재하던 여러 가지 교리의 대립을 해소하기 위해 전 교회의 사제들을 불러 모은다. 최초의 기독교 전체 회의로서 통일된 교리를 확립하고 기독교의 통합과 발전을 위해 소집된 회의였으나 결과는 오히려 분열을 초래하게 된다. 하느님의 아들인 예수가 신으로서의 아들인지 단지 피조물로서의 인간인지를 놓고 논쟁한 끝에 삼위일체Trinity, 즉 성부와 성자와 성령은 하나라고 인정하며 결론짓는다.

　그냥 이렇게 똑같은 야훼를 믿는 사람으로서 예수의 신성을 인정하고 평화롭게 마무리 지었으면 좋았을 텐데, 예수를 신이라고 주장한 알렉산드로스파는 정통으로 인정되고, 예수는 피조물뿐이라고 주장한 아리우스파는 이단으로 낙인찍힌다. 공식적으로 처음 '파벌'을 인정하고 '이단'을 규정한 역사의 시작이다.

　신학적 논리를 떠나서 예수가 인간임을 인정하여 누구나 하느님과 동격이 될 수도 있다는 신비주의적 가능성을 열어놓았던 아리우스파를 제거하기 위한 알렉산드로스파의 '인간적'이고 정치적인 목적을 의심할 만한 부분이다.

　불가지론자나 회의론자의 시각으로는 같은 신을 믿는 사람들끼리 쓸데없는 논쟁을 벌이고 있는 것이라고 생각할 수 있겠다. 이단으로 취급받은 아리우스도 결국 하느님의 절대 유일성을 강조한 하느님의 아들이었을 텐데.

어찌 되었든 이 사건을 비롯해 종교역사에서는 기존에 정해진 해석과 뭔가 다른 의견들이 나오면 끊임없이 이단이 만들어지는 행태가 반복된다.

기독교는 마르틴 루터의 종교 개혁 이후로 '해석'이 다른 여러 개의 종파로 갈라지게 되는데, 크게 세 부류 - 로마 가톨릭, 동방정교회, 개신교 - 로 시작되어 루터교, 성공회, 감리교, 장로교, 성결교, 침례교, 오순절교, 예수재림교 등 다른 방법으로 같은 신을 섬기는 무리들이 수없이 생겨난다.

서로가 서로에게 이단이었던 시절, 위그노 전쟁[20]과 성 바르톨로메오 축일의 학살[21]로 대표되는 가톨릭과 개신교 사이의 분노와 증오는 이제는 사라졌고, 표면적으로나마 서로의 교리를 인정하고 이단으로 규정하는 경우는 거의 없지만, 여전히 사상적으로는 전혀 다른 신을 믿고 있다고 의심될 정도로 각각의 무리에서는 각기 다른 과정과 절차를 중요하게 여기고 서로를 진심으로 인정

---

20) 1562~1598년 프랑스 개신교(위그노)와 로마 가톨릭 신도 사이에 발생한 종교전쟁. 앙리 4세가 개종하면서 '낭트칙령'을 공포, 정쟁을 종식시킴.

21) 1572년 8월. 로마 가톨릭 신도들에 의해 개신교도들 약 1만여 명이 학살된 사건.

해 주지 않고 있는 듯하다.

똑같은 신인데 왜 조금씩 다른 방법으로 믿고 따르는 것일까?

가는 길은 조금씩 다르지만 결국 하나의 길에 도달하기 위함인데 왜 다른 해석을 하고 있는가.

왜 신은 다른 방식의 해석들이 난무할 것을 막지 않으셨을까.

기독교 신자들은 그러한 일까지 하느님이 미리 예견해 놓으셨다고 한다.

> "그러나 민간에 또한 거짓 선지자들이 일어났었나니 이와 같이 너희 중에도 거짓 선생들이 있으리라. 저희는 멸망케 할 이단을 가만히 끌어들여 자기들을 사신 주를 부인하고 임박한 멸망을 스스로 취하는 자들이라."
>
> - 베드로후서 2:1

'거짓 선지자'들이 있으리란 걸 알면서도 왜 방치해 두는 것일까?

그러면 또 성경의 어느 구절을 끌고 와서 다른 설명이 이어진다. 궁금한 질문은 많으나 답변은 결국 성경일 수밖에 없는, 안타까운 반복이 계속된다. 개신교 중 이단으로 취급받는 수많은 교파들도 성경의 어느 한 구절에 집착해서 각자 입맛에 맞는 해석을 통해 교세를 확장하여 왔고, 그에 맞서는 쪽에서도 인간적인 풀이로 성스러운 성경을 설명하려 노력하고 있다.

다시 한 번 반복되지만 왜 신은 인간의 머릿속에 성령과 관련한 DNA 구조를 풀어줄 만한 성령 해독기를 심어놓지 않았는지 궁금하다.

이슬람의 상황도 크게 다르지 않아 믿고자 하는 해석에 따라 '인간적인' 파벌을 형성해 오고 있다. 마호메트가 규정한 관행인 순나sunna를 추종하는 수니파, 마호메트의 혈통만이 지도자인 칼리파kalifa가 되어야 함을 주장하는 시아파, 일체의 형식을 배격하며 금욕과 명상 등을 중시하는 신비주의 성향의 수피교 등으로 나누어져 있다.

이들 역시 타 종교의 위협이 있을 때에만 하나로 뭉치는 척할 뿐 신에 대한 접근 방식은 알라의 힘이 미치는 테두리 안에서조차 근본적으로 서로에게 적대적인 감정을 숨기지 않고 있다.

석가모니의 뜻과는 다르게 종교화된 불교 또한 수많은 종파로 갈라져 왔다. 정토종, 삼론종, 열반종, 천태종, 법상종, 화엄종, 조계종 등으로 수많은 갈래가 있으나 큰 틀은 수련을 통해 조금씩 깨닫는 점수漸修를 강조하는 교종과 단번에 깨닫게 되는 돈오頓悟 중심의 선종으로 구분된다.

방법이야 어찌 되었든 깨달음이라는 '신'에 도달하는 목적은 같을진대 수세기 동안 이념논쟁이 계속되어 왔고, 타 종교에 비해 많은 편은 아니나 물리적 충돌 또한 적지 않았을 정도로 분쟁이 많았다. 붓다는 절대 이럴 의도로 깨달음을 설파하지 않았을 텐데 말이다.

우리나라가 오랫동안 매달려 왔던 유교는 또 어떠한가.

유교 역시 불교와 마찬가지로 정통적 의미로서의 종교라고는 볼 수 없지만 우리 역사에서는 조선 중기 이후 성리학 또는 주자학이라는 이름으로 종교화되어 정착되었다.

신격화된 공자님 말씀은 말 그대로 신성불가침의 영역이고, 메시아 격인 송나라의 주희(주자)의 해석 역시 절대적이어서 누구라도 그에 대한 다른 해석을 내릴 경우 사문난적斯文亂賊으로 몰려 주류사회에서는 정상적인 삶을 살 수 없었을 정도였다.

그 단적인 예가 효종 시대의 성리학자인 송시열[22]과 윤휴[23]의 사상논쟁이다.

> "주자의 서술에서 일자 일획을 더하고 빼는 것은 할 수 없는 일이다."
>
> - 송시열

> "주자만 공자의 뜻을 알고 나는 공자의 뜻을 모르는 것인가?"
>
> - 윤휴

조선의 유교가 서구의 기독교처럼 공자를 유일신으로 믿고 사서삼경을 성경만큼이나 영적으로 절대시하지는 않았으나 송시열과 윤휴의 논쟁만 놓고 보면 마치 강력한 교황과 교회의 권위에 도전하는 마르틴 루터의 저항과 유사해 보인다.

정치적 성향은 달랐으나 한때 학문적 동지였고 서로의 의견을 존중해 주던 두 사람은 이후 여러 차례의 논쟁 끝에 결국 윤휴가

---

22) 宋時烈(1607~1689): 17세기 서인 노론의 영수. 두 차례의 예송논쟁을 주도적으로 이끌며 붕당정치를 심화시켰다는 비판도 받았으나 후에 정조에 의해 송자(宋子)로 추대됨.

23) 尹 鑴(1617~1680): 남인 계열 청남(淸南)의 대표 학자. 주자의 학설과 사상을 비판, 독자적 학문체계를 세움.

선배인 송시열에게 참적讒賊, 혹수黑水같은 모멸적인 비난을 받게
될 정도로 관계가 틀어지고 영원히 결별하게 된다.

　종교든 종교화된 학문이든 먼저 자리 잡은 쪽이 하나의 편견을
확립하게 되면, 자연히 반대하는 쪽의 또 다른 편견을 낳게 되고,
후발 주자가 힘으로든, 논리로든 이전의 편견을 무너뜨리지 않는
한 남아 있는 쪽은 '이단'으로 남아 있을 수밖에 없는 것이다.

　우리나라에 윤휴 같은 반골 기질의 유전자가 많이 남아 있는
이유에서인지 '나는 왜 신이 되면 안 되나?' 라는 의문을 갖고 이
를 실행에 옮기는 사람들이 꽤나 많이 있는 것 같다.

　한국기독교이단상담소협회의 한국기독교 이단 관련 자료에 따르
면 우리나라에는 약 200개의 이단단체와 200여만 명의 신도가 존
재한다고 한다. 그 중 스스로를 신격화한 재림신도 40여 명이나
된다 하니 우리도 어엿한 '신들의 나라'이다.

　이 중에는 여호와의 증인Jehovah's Witnesses, 몰몬교로 알
려진 예수그리스도 후기성도 교회Church of Jesus Christ of
Latter-day Saints처럼 미국의 신흥종교로서 20세기 초에 우리나
라로 전파된 종교도 있고, 통일교, 장막성전, 하나님의 교회 등 국

내에서 자발적으로 창시된 종교들도 있다.

이 중에는 특정 성경 구절에 따라 아무리 위급한 상황이어도 수혈을 받아선 안 된다는 교리를 가진 곳도, 의학적으로 검증되지 않는 안수기도 등으로 인해 사상자가 발생한 곳도, 종말을 기정사실화하여 신도들로부터 재산을 갈취, 가산을 탕진케 하는 등 위험한 종교들도 있다. 인간의 약한 마음을 악용하고 있는 무리들은 반드시 '못된 신'들의 징벌을 받아 마땅할 것이다.

그러나 어찌 됐든 요즘 같은 과학의 시대에 본인이 직접 신이 되겠다는 생각만은 진취적 - 방법이 유아적이긴 하지만 - 이지 않은가.

절대 이단이라 불리워지는 단체들을 옹호하는 것도 아니고 선량한 피해자들을 막기 위해서라도 그들의 교세가 확장되어서도 안 될 것이다. 다만, 문제는 누가 특정 종파를 이단으로 규정할 수 있는 자격을 가지고 있는지, 원조가 어느 것인지를 가릴 수 있는지에 달려있다.

과학기술이 엄청나게 발달해서 지금껏 알려지지 않은 인류의 기원을 알게 될 수 있는 새로운 생물학적, 물리학적 진보가 있거나, 놀랄만한 고대 유물이 발견되지 않는 한 현재까지 우리가 가진 정보로는 가장 오래된 종교, 원조의 종교를 찾는 것은 사실상 불가능해 보인다.

최고最古의 종교 후보군에는 수메르인의 신, 이집트의 신, 조로 아스터교의 신, 유대교의 신, 힌두교의 신 등 나이 많은 여러 신들이 존재하긴 하지만 이들 중 어느 한 가지를 원조로 꼽기엔 정보가 너무나 부족하다. '원조'를 제대로 모르는 데 어느 신이 이단이고 어느 신이 정통인지는 누가 결정할 수 있겠는가.

불가지론자나 무신론자들이 보기에 모든 신은 똑같아 보인다. 그들이 보는 이단에 대한 생각은 마치 여기저기서 좋은 것만 카피해서 글로벌 기업으로 성장한 대기업이 짝퉁상품을 파는 소상인들에게 표절 좀 하지 말라고 나무라는 상황과 같다.

신은 어느 한쪽이 진짜인지 가짜인지 별 관심이 없어 보이는 듯한데 신만 바라보고 살아가는 인간들은 오랜 세월 동안 무심한 신을 향해 일방적인 짝사랑을 하고 있다.

신이 언제쯤 우리의 사랑을 받아 줄지, 도무지 '알 방법이 없다.'

THINKING BOARD

과학

종교의 다양성을 위한
틀에 박힌
종교 이야기

과학

과학과 종교는 양립할 수 있는가?
세상은 왜 무가 아니고 유인가?

　수천 년의 세월 동안 신학, 철학, 과학에서 다뤄온 케케묵은, 그
러나 인간이 가진 가장 근본적인 의구심을 유발하는 문제들이다.
　창조론자들은 다양한 신과 성령을 빌어 설명하려 하고 비종교
인들 중 과학자들은 합리적으로 설명할 수 있는 이성과 객관적 증
거를 중심으로 세상의 진리를 해석하려 하며, 무신론자를 포함한
회의론자들은 신이 아닌 것이라면 어떤 것으로도 설명할 수 있을
것이라 또는 설명 불가능할 것이라 말한다.
　한마디로 세상의 존재 이유는 종교인에게는 신의 뜻이고, 과학

자에게는 빅뱅을 일으킨 특이점singularity[24]이며, 기타의 사람들에게는 '모름' 또는 '모든 것'이다.

각 부류의 사람들이 주장하는 내용들을 어느 날 갑자기 하나로 합쳐서 오랜 논쟁을 종결시키기는 어려운 일이다. 아마도 인간이 처음 불을 사용했을 때, 처음 걷기 시작했을 때, 그리고 처음 글을 쓰기 시작했을 때만큼의 놀랄 만한 의식 혁명이 일어나지 않는다면 영원히 설명 불가능해 보이는 문제이기 때문이다. 그럼에도 불구하고 우리는 계속 논쟁하며 어느 쪽이 더 진리에 가까운지를 놓고 다투고 있다.

과학과 종교가 우리가 사는 세상의 본질에 대해, 생명의 출발점에 대해 바라보는 방식의 가장 큰 차이점은 시공간 개념이다. 창조론자들은 신의 명령으로 모든 피조물들이 한순간에 완전한 형태로 생겨났음을 강조하고, 과학자들은 셀 수 없는 시간을 거쳐서 현재의 상태가 만들어졌으며 앞으로도 무한한 시간이 흐르면서 끊임없이 상태가 바뀌어 나갈 수 있음을 주장한다. 정확히 언제인지는 모르지만 아득히 먼 옛날, 특정 시점에서 시공간이 탄생하였을 것이라 여긴다는 점에서 양측은 어느 정도 공통된 의견을

---

24) 천체물리학에서 사용하는 개념으로 일반적인 물리학 법칙이 더 이상 적용되지 않는 시공간의 한 점을 가리킴.

가지는 것처럼 보이기도 한다.

먼저 과학의 시각으로 세상의 시작을 살펴보자.

만물의 기원이 물이든 불이든, 흙이든 공기든지 간에 최초의 특정한 '시작점'으로부터 출발했다고 믿는 사람들이 있다. 이른바 빅뱅big bang을 신봉하는 자들이다. 130억 년을 훌쩍 뛰어넘는 천문학적인 시간을 지나는 동안 우주가 끊임없이 팽창하고 있음을 주장한다.

그 증거로 현재의 인간의 능력으로 측정 가능한 여러 가지 과학적 사실을 제시하는데, 대표적인 것이 20세기 최고의 천문학적 성과로 일컬어지는 우주배경복사 CMB[25]의 발견이다. 우리 은하를 포함한 은하들이 서로로부터 지속적으로 멀어지고 있으며 이러한 현상이 우주의 모든 곳에서 균일하게 관측되고 있다는 점이다.

미국의 천문학자 에드윈 허블Edwin Hubble 이 1920년대에 처음 관측한 증거와 60년대에 벨 연구소에서 발견한 마이크로파 잡음을 통해 이른바 '팽창우주론'이 정립되고, 이는 우주는 시간적으로 시작과 끝이 없으며 우주 내의 모든 점에서 은하의 평균밀도가 항상 일정하다는 '정상우주론'의 존재를 위협하게 된다.

---

25) Cosmic Microwave Background: 전파망원경을 통해 관측되는 우주의 모든 방향으로부터 균일하게 관측되는 마이크로파 열복사.

우주가 계속해서 팽창하고 있다는 강력한 증거는 결국 어느 시점에서부터인가 만물의 시작점이 존재해야만 한다는 논리적 귀결로 이어진다. 우주의 크기가 계속 멀어지며 커지고 있으니 최초의 시작은 당연히 특정한 시공간에서 출발을 해야 된다는 주장이다.

그렇다면 그 시작점, 특이점은 도대체 어떻게, 왜 생겨난 것인가에 대한 의문이 당연히 생길 수밖에 없다. 하지만 현재까지 정확한 답은 누구도 내놓지 못하고 있다.

저 먼 은하에서 중력파의 미미한 존재가 관측되고, 원자핵을 잘게 쪼개어 쿼크 입자를 찾아내고, 신의 입자라 불리는 힉스 입자를 발견해 내었다 할지라도 무엇 때문에, 어째서 이런 시작점이 생겼는지는 설명해주지 못한다. 우리는 신 못지않게 과학도 '전지전능'하지 않다는 사실을 항상 주지하여야 한다.

종교인의 시각에서 보는 세상의 시작은 보다 단순명료하다.

'빛이 있으라!'

전지전능한 신의 명령, 그것 하나로 끝이다.
앞으로 우주가 커질지 줄어들지, 거대한 우주의 티끌인 지구가 유한할지 무한할지는 별로 중요하지 않아 보인다. 아마도 신은 완전무결하기 때문에 신이 창조한 세상은 그 자체로 흠이 없어야 하며 존재 자체도 영원하여야만 논리적으로 옳을 말이 될 것이다. 과학계에서도 이와 비슷하게 존재 자체가 영원한 다중우주론이나 평행우주론을 주장하는 사람들도 있다.

일반적으로 우리 우주는 수천억 개의 별로 이루어진 우리 은하, 그 은하가 또 수천억 개씩 존재하는 거대한 규모로 여겨지는데, 이들은 이런 우주 자체가 수없이 많이 존재한다고 본다.

심지어 이러한 다른 우주에는 나와 똑같은 분신이 나오는 전혀 다른 생각을 하고 다른 행동을 하며 살아가는 무한대의 경우의 수가 존재한다고 믿는다.

왠지 저쪽 세상에서는 지금보다 행복한 내가 있을 것 같아서 기분 좋아지는 상상을 하게 만들지만, 종교와 마찬가지로 아직까지 누구나 인정하고 납득할 만한 '증거'는 찾아내지 못하고 있다.

태초의 시작점에 대해서 초기 기독교 철학자인 성 아우구스티누스는 한 신자로부터 "하나님은 천지창조 이전에는 무엇을 하셨습니까?"라는 질문을 받고는 이렇게 대답했다고 한다.

"천지가 창조됨으로써 비로소 시간이 시작되었기 때문에 그
이전이란 말은 의미가 없는 것이다."

다중우주론자들의 주장과 겹치는 부분이다. 세상은 시작이 끝
이고, 끝이 시작인 자기 꼬리를 계속 집어삼키고 있는 뱀 우로보
로스ουροβόρος와 같다는 것이다.

분명 수긍할 만한 말이다. 인간의 능력으로 알 수 없는 사실이
기 때문에 불필요한 노력으로 시작점을 찾으려는 행동은 바보 같
은 짓일 수 있다.

반면에 수학자 라이프니츠는 다른 방식으로도 사고할 수 있음
을 알려준다.

"이 세상이 환상일 수도 있고, 모든 존재는 꿈에 불과할지도
모른다. 하지만 내가 보기에 이들은 너무도 현실적이어서 우리
가 환상에 현혹되지 않고 있다는 것을 입증하기에 충분하다."

어느 쪽이 옳고 그르다고 판단하는 것은 지극히 개인적인 선택
이며, 정답을 찾는 일은 불가능해 보이기까지 한다.

종교를 믿거나 과학을 믿거나 모두 본인의 선택이다. 예를 들어,
진화가 더 논리적이고 증거가 많이 있는 것 같아 보여도 생명 탄

생의 첫 시작점은 설명하지 못하고, 창조론이 좀 더 편안한 마음으로 믿기 편한 방법이긴 해도 그 믿음의 근거가 단 한 가지 말씀에만 의존할 수밖에 없는 논리적 오류를 피해가기 어렵기는 마찬가지이다.

어느 쪽을 택해야 할 것인가. 편하게 주어진 정답에 안주하며 쉽게 쉽게 생각할 것인지, 주어진 정보로 진실을 찾기 위해 이것저것 노력해 볼 것인지를 선택하는 문제일 뿐이다.

종교와 과학이 충돌하는 문제에 있어서 자주 언급되는 분야는 바로 우리의 생명에 직접적인 영향을 주는 의학이다. 1967년. 남아프리카공화국에서 인류 최초의 심장이식수술이 성공한다. 보름을 채 넘기지 못하고 환자가 사망하게 되는 반쪽짜리 성공이었지만 낡은 부품을 교환하여 새 제품을 만들 듯이 인간에게 새로운 삶을 부여하는 그야말로 혁신적인 성과였다. 그런데 이런 기적 같은 의술에 대해 일반인은 물론 일부 의사들 사이에서도 비난의 목소리가 나왔다고 한다. 신의 뜻과 자연의 섭리에 위배된다는 것이었다.

얼마나 모순되는 말인가. 사람의 생명을 살리기 위한 장기이식 행위가 신의 뜻에 위배된다는 주장은 인간의 삶은 어차피 신의 손아귀에 있으니 모든 의료행위 자체를 금해야 한다는 말과 같이 들린다.

또 다른 사례는 마취제 에테르에 관한 이야기이다. 에테르는 1540년 즈음에 처음 발견되었지만 공식적으로 수술실에서 쓰이게 된 것은 1840년대에 와서야 가능해졌다.(이는 서양의 경우로 이보다 훨씬 앞선 고대 중국에서는 편작과 화타 등이 전신마취를 활용했다고 한다.)

무려 300년 동안 수술 중 생살을 도려내고 꿰매는 고통을 참는 것이 당연한 것인 양 받아들였다는 말이다. 여러 이유가 있었겠지만 가장 큰 요인은 종교 교리에 있었다. 고통의 존재, 강도는 물론 생명줄을 잡고 있는 신의 의지가 분명히 존재하는데 어떻게 미물인 인간이 신의 뜻을 거스를 수 있느냐는 논리였다.

한껏 문명화되고 자유로워진 지금의 관점에서는 어처구니없는 일로 받아들여지는 과거의 일일 뿐이지만, 그 당시의 선량한 '피조물'들은 도대체 무슨 원죄를 저질렀기에 그토록 무지막지한 고통을 감내하도록 강요받았을지를 생각하면 마음이 복잡해진다. 사랑하는 창조물이 슬픔을 겪으면 모든 방안을 동원하여 그 슬픔을 덜어주는 것이 진정한 신의 의무가 아니겠는가.

과학이 종교의 시녀였던 시절, 모든 학문이 신학의 지배를 받았던 암흑시대를 거치며 수많은 사람들이 신이 아닌, 우리 인간을 위해 힘겹게 버티어 주었고 후손들을 위해 많은 유산을 남겼다.

과학이 인간을 풍요롭게 해주었다는 사실은 부정할 수 없는 사실이고, 계속해서 인간의 행복을 유지하고 삶의 질을 높이기 위해 존재하는 좋은 도구로써 쓰여지게 될 것도 확실하다.

하지만, 과학과 종교 양쪽 모두 여전히 우리의 진짜 존재 이유와 삶의 의미를 명쾌하게 설명해 주지 못하고 있고, 아마 앞으로도 그러지 못할 가능성이 더 높아 보인다. 양측 모두 여전히 오래된 감정적인 질문의 틀에 갇혀서 서로를 비난하기에만 바쁠 뿐이기 때문이다.

그렇다면 과학과 종교는 서로 공존할 수 없는 것인가.

하늘의 독수리, 육지의 호랑이, 바다의 고래는 각자의 영역에서는 왕이지만 자기 경계를 넘어선 곳에서는 아무런 힘도 쓰지 못한다. 노는 물이 다른 곳에서 겨루어봤자 영원히 1승 1패의 결과만 내는 무한 대결이 될 것이 뻔하다.

어느 쪽에서 참 진리를 찾을지 지켜보는 것, 그리고 모두가 수긍할 만한 진리에 조금 더 가깝게 다가가는 편이 어느 쪽인지 조용히 응원해 주는 것이 우리가 할 일의 전부이다.

다만, 응원을 할 때에는 자기편만 일방적으로 편애하는 것이 아니어야 하고, 상대를 윽박지르고 무시해서도 안된다.

지구가 세상의 중심이 아니라고 주장하다 고통받았던 많은 선각자들, 조르다노 부르노Giordano Bruno, 갈릴레오 갈릴레이 Galileo Galilei같은 용기 있고 소신 있는 사람들이 자유롭게 의견을 펼칠 수 있도록, 수백 년 뒤에야 결국 그들이 옳았음을 인정하고 그 '죄'가 없다며 뒷북치는 일이 없도록, 다양한 주장을 내세워도 아무런 편견을 가지지 않고 함께 고민하고 연구할 수 있는 장을 만들어야 할 것이다.

어찌 됐든 아직까지도 종교와 과학은 서로를 너무나 '모른다.'

THINKING BOARD

역사

종교의 다양성을 위한
틀에 박힌
종교 이야기

역
사

여기 두 종류의 기록이 있다.

......

바다 위로 팔을 내밀었다. 주님께서 밤새도록 강한 동풍으로 바닷물을 뒤로 밀어내시니, 바다가 말라서 바닥이 드러났다. 바닷물이 갈라지고 엘 자손은 바다 한가운데로 마른 땅을 밟으며 지나갔다. 물이 좌우에서 그들을 가리는 벽이 되었다.

......

바다 위로 팔을 내미니, 새벽녘에 바닷물이 본래의 상태로 되돌아왔다. 이집트 사람들이 되돌아오는 물결에서 벗어나려고 하였으나, 주님께서 이집트 사람들을 바다 한가운데 빠뜨리셨다.

......

......

고허촌의 우두머리 소벌공(蘇伐公)이 양산 기슭을 바라보니 나정(蘿井) 옆의 숲 사이에서 말이 무릎을 꿇고 앉아 울고 있었으므로 가서 보니 문득 말은 보이지 않고 다만 큰 알만 있었다. 그것을 쪼개니 어린아이가 나왔으므로 거두어서 길렀다.
나이가 10여 세에 이르자 남달리 뛰어나고 숙성(夙成)하였다. 6부 사람들은 그 출생이 신비하고 기이하였으므로 그를 받들어 존경하였는데,

......

왼쪽은 구약성서의 출애굽기Exodus에서 모세가 홍해를 가르며 이집트를 탈출하는 장면이고, 오른쪽은 김부식의 삼국사기 중 박혁거세朴赫居世 거서간居西干편에 나오는 신라 시조 박혁거세의 탄생에 관한 설명이다.

출애굽기는 모세가 직접 기록했는지 여부는 물론 모세의 실존 여부조차도 정확히 알 수 없는 일이지만 대략 BCE 1,400~1,200년 정도로 추정되는 시기의 일이고, 박혁거세 이야기는 BCE 69년 즈음의 사건이라고 알려져 있다.

두 가지 이야기를 문자 그대로 모두 믿는 사람들은 일부 극성스러운 근본주의자들을 제외하고는 거의 없을 것이다. 그런데 한쪽은 전 세계가 사랑하는 '성경'으로서의 지위를 얻었고, 다른 한쪽은 동양의 자그마한, 서구에서는 아무런 관심도 주지 않는 고대국가의 잊혀진 '역사'일 뿐이다.

람세스 2세 시대(BCE 1290~1224)에 있었던 사건으로 추정되는 모세 무리의 이집트 탈출기가 실제 사실로서의 역사로 볼 수도 있다.

엑소더스가 실제 일어났던 사건이라 가정을 해보자.

홍해를 두 쪽으로 가른 것을 사실로 보는 것이 아니라 유대인들이 이집트를 탈출한 사건 자체를 사실로 가정하자는 것이다.(고고학적 논란은 여전히 계속 중이다.)

이집트군의 추격을 무사히 따돌리고 안전하게 홍해를 건넌 유대인들은 자신들의 역사를 어떻게 기록했겠는가.

후손에게 자랑할 이야기라면 좀 더 멋있게, 좀 더 드라마틱하게, 과장하여 부풀리고 싶은 것이 유대 기록자들의 당연한 마음이었을 것이다.

고대의 어떤 역사나 신화에서 자신의 민족과 직접 관련된 중요한 일을 정직하게 '어떤 사건이 일어났다.' 라는 식으로 담담하게 서술하는 경우는 극히 드물다.

하늘에서 빛이 내리고, 바다가 갈라지고, 땅이 솟아오르는 등 알 수 없는 자연현상들을 동반하고, 신비로운 동물들이 갑자기 등장하거나, 직접 신으로부터 힘을 위임받아 기적을 일으키는 식으로 사건이 설명된다.

어떻게든 자기 무리의 신성함을 극대화시키는 것이 현재는 물론 후대의 자손들에게까지 민족의 우월성에 대한 권위와 정당성을 확보하여 지속적인 영향력을 행사할 수 있기를 바라기 때문이다.

고대 신라 사람들에게도 박혁거세의 탄생을 어떻게 부풀릴지 고민이 많았을 것이다. 알에서 태어나야 멋질지, 박에서 열려야 더 의미가 있을지, 처녀 수태를 해야 더 신비로울지 등 여러 가지 선택지를 놓고 고민했음이 분명하다. 단지 평범한 출생만 아니면 되었을 것이다.

우리는 박혁거세의 탄생신화가 현실세계에서는 전혀 일어날 수 없는 일이라는 것을 알지만, 그럼에도 그것이 단순한 허구 이상으로 신라 왕조 건국의 정당성을 강화시켜 주는 도구로써 사용되었음을 당연하게 인식한다.

그런데 유독 성경의 이야기들만은 이러한 생각을 넘어서 특별히 신적인 존재를 당연시하고 인정해 주는 이유는 무엇인가. 야훼가 증오에 가득 차서 이집트에 10개의 재앙을 쏟아내고, 모세의 지팡이가 뱀으로 변하고, 시나이 산에서 석판에 열 가지 말씀이 성령으로 써내려져 가는 사건 등을 과장법을 사용한 유대인들의 '자랑스러운' 역사로 보지 못할 이유는 무엇인가.

성경이든 불경이든 코란이든 그 자체로 인류의 훌륭한 기록문화인데도 불구하고 그것만으로는 만족을 못하는 것 같다.

다른 기록들도 살펴보자.

•네 부모를 공경하라.	•사람을 죽인 자는 즉시 사형에 처한다.
•살인하지 말지니라.	•남에게 상해를 입힌 자는 곡물로써
•간음하지 말지니라.	배상한다.
•도적질하지 말지니라.	•남의 물건을 훔친 자는 데려다 노비
•네 이웃의 집을 탐내지 말지니라.	로 삼는다.

왼편은 모세의 십계명 중 일부이고 오른쪽은 한서漢書의 지리지 地理志 중에 나오는 고조선의 팔조금법八條禁法의 내용이다.

십계명은 신 숭배와 관련한 앞부분 4개 항목을 제외하면 고대 유대사회에서는 누구나 지켜야 했던 규율이었다. 유대사회에서만 통용되었던 규범이 아니라 서아시아 및 중동의 여러 부족들과 이 집트 등에서도 안정적인 사회를 유지하기 위해서 당연히 필요했던 지배자의 통치 지침이자 일반적인 도덕률 중 하나로 보더라도 전 혀 이상할 것이 없는 것이다.

팔조금법 또한 마찬가지로 현재 3개 조항만 전해지지만, 부모 공경이나 간음 금지 조항 등 고대 유대사회와 유사하게 통치 지 침, 윤리 규정으로 사용했었음을 쉽게 추정할 수 있다.

그럼에도 하나는 '신의 계시'이고 하나는 그저 고대의 생활상을 그린 '기록물'이다.

1970년대 이후로 한창 논란이었던 - 지금은 논쟁이 그리 활발하지 않은 - 환단고기桓檀古記라는 책이 있다. 워낙 국수주의적인 성향으로 가득 차 있고, 사료의 부족과 고고학적 근거의 취약함으로 주류학계에서는 위서僞書로 거의 굳혀진 유사 역사서이다.

[삼성기 상·하], [단군세기], [북부여기], [태백일사] 등 5권의 책을 엮어 만든 것인데 우리 민족의 역사를 최소 기원전 7,000년 이상으로 확대하고, 중국은 물론 중동을 넘어 서아시아 근처까지 영토를 확장했으며, 최초의 문명으로 알려진 수메르 문명에까지 환국桓國의 우월한 문화가 영향을 미쳤다는, 그야말로 위대한 민족임을 강조하는 내용들이 대부분이다.

민족적 자긍심을 높이는 일은 당연히 중요하고 장려되어야 할 사안이지만 많은 사람에게 인정받지 못하는 주장을 혼자만 하고 있다면 분명 어딘가에 문제가 있음을 한번쯤 제고해 봐야만 할 것이다.(현재까지 주변국의 사료와 고고학적 근거가 미미하다.)

현 시대에 우리가 환웅천왕桓雄天王이나 단군왕검檀君王儉을 기독교의 신처럼 진지하게 숭배한다면 정상적인 사회생활을 하기는 어려울 것이다.(물론 일제시대의 민족종교로서 단군과 관련한 대종교大倧敎가 명맥을 이어 가고 있다.)

그럼에도 불구하고 - 역사적 사실 여부를 떠나서 - 이 논란이

되는 책이 성스러운 경전으로 취급받지 못할 이유는 또 무엇인가.

한반도에 처음 서학西學이라는 이름으로 서양의 종교가 소개된 때는 17세기 초반인 조선 중기이다.

조선의 외교관이자 실학자인 이수광이 [지봉유설芝峰類說]을 통해서 가톨릭 교리서인 [천주실의天學實義]를 알리게 되었는데, 이와 더불어 이승훈이 청나라에서 조선인 최초로 세례를 받은 1784년까지 서학의 영향력이 민중들 사이로 스멀스멀 확대되어 가는데에 큰 영향을 끼쳤다.

이후 신해, 신유, 기해, 병인년 등 19세기에 수차례의 박해를 겪으며 1만여 명의 신자들이 순교를 당하고 수많은 사람들이 유배를 가게 된다. 이들의 죄목은 종교적 이념과는 아무런 상관없는 조선의 지배체제 유지를 위한 정치적 목적에 맞게 만들어졌다. '매국노, 불효자, 질서 문란자, 방탕자' 등이 그것이었다.

신분제에 꽁꽁 묶여 수탈과 핍박에 시달리던 가난한 백성들이 내세에서라도 자유롭고 풍족하게 살고 싶은 마음에 신흥종교인 천주교를 믿는 것이 무엇이 잘못이었겠는가.

이후 서양의 먹잇감으로 전락한 동아시아의 많은 국가들처럼 한반도에도 경제적, 정치적, 군사적 약탈이 이어지고, 수많은 선교사들과 사업가들이 병원과 학교, 복지시설 등을 설립하는 등 반대급부로 '선한' 포교활동의 혜택도 받았지만 오랫동안 그들의 정신적 지배로부터 벗어나기 어렵게 되었고 그 영향력은 지금까지 계속 이어져 가고 있다.

기본적으로 역사는 사실로서의 역사와 해석으로서의 역사로 구분된다. 어떤 역사도 사실과 해석 한쪽 끝에 치우쳐서 기술되어서는 안 되고 그렇게 쓰기도 쉽지 않을 것이다.

또한, 사실과 해석으로의 역사는 항상 절대적일 수 없다는 사실을 꼭 상기하여야 할 것이다.

19세기 말 중국 허난성에서 상商나라 은허殷墟지역의 유물들이 발굴되지 않았더라면 상나라는 영원히 신화의 나라에 머물러 있었을 것이고, 슐리만[26]이 호메로스의 일리아스나 그리스 로마 신화를 단순히 신화 속 허구라고만 생각했다면 우리는 지금 트로이와 미케네의 위대한 문명을 보지 못했을 것이다.

우리가 알고 있는 세계관이 언제든 바뀔 수 있다는 사실을 인지하고, 이를 넓은 마음으로 받아들일 여지를 남겨두어야 한다는 말이다.

---

26) Heinrich Schliemann(1822~1890): 독일 출신의 사업가이자 고고학자. 10여개의 언어를 구사할 정도로 명석한 두뇌와 틀을 깨는 도전정신으로 고대 신화를 역사의 영역으로 재정의해 현대 고고학 발전에 큰 공헌.

사실과 해석이 적절하게 조화를 이룬 역사를 가졌으면 좋겠지만 안타깝게도 모든 역사는 권력의 역사이고 승리한 자의 역사이다.

이해불가한 신의 언어로 쓰여진 성스러운 경전들의 내용하고는 상관없이 종교는 힘 있는 국가와 민족의 이념 밖에서 존재하기 어렵다.

만약 한반도에 여기저기서 석유가 터져나오고, 희귀 광물이 무한정 묻혀있으며, 유대인보다 훨씬 뛰어난 인재들로 넘쳐서 환상적인 환국이 과거의 영광을 그대로 지금까지 유지하고 있다면 현재의 세계가 어떻게 달라졌을지 쉽게 상상해 볼 수 있다.

우리는 아마 수많은 나라를 속국으로 두고 세계에 강력한 영향력을 행사하고 있을 것이다. 세상 모든 사람이 성경 대신 천부경天符經을 읽고, 환웅과 관련한 곰을 신성시하며, 천부인(칼, 방울, 거울)을 성물聖物로써 몸에 지니고 다니고, 홍익인간弘益人間을 최고의 정신적 기준으로 숭배하는, 그런 '성스러운' 세상을 살고 있을지도 모른다.

종교는 사실인가, 허구인가? 역사인가 신화인가?
우리는 '알 수 없다.'

죽음

종교의 다양성을 위한
틀에 박힌
종교 이야기

죽음

이제 우리는 마지막 고민만을 남겨놓고 있다.

과연 이 삶의 마지막은 어디를 향해 있는지에 대한 궁금증이다.

인생은 고통이고, 고통의 원인은 집착이고, 집착을 없애는 것이 삶의 목적일 텐데 - 고집멸도苦集滅道 - 결국 이러한 삶의 마지막에는 도대체 무엇이 기다리고 있는 것인가.

죽음에 관해 살아있는 동안 조금이나마 마음을 편안하게 해줄 멋진 글이 하나 있다.

에피쿠로스가 남긴 또 하나의 명언이다.

"가장 두려운 악인 죽음은 우리에게 아무것도 아니다.

왜냐하면 우리가 존재하는 한 죽음은 우리와 함께 있지 않으며, 죽음이 오면 이미 우리는 존재하지 않기 때문이다.

그렇다면 죽음은 산 사람이나 죽은 사람 모두와 아무런 상관이 없다.

왜냐하면 산 사람에게는 아직 죽음이 오지 않았고, 죽은 사람은 이미 존재하지 않기 때문이다."

대부분의 사람들이 죽음 앞에서 공포심과 두려움으로 전전긍긍할 때, 온화한 미소를 띠며 멋지게 '안녕히'라는 한마디를 남기고 대범하게 죽음을 받아들일 자신을 떠올리면 왠지 뿌듯하지 않은가.

죽음 뒤의 세계가 어떨지 도저히 알 수는 없지만 죽는 순간만큼이라도 내 주위에 남아있는 사람들에게 멋들어진 모습을 보여줄 수 있을 테니까.

혹시 마지막 순간 곁에 아무도 없는 상황이라면 '그래도 멋진 삶이었지'라며 허세스러운 혼잣말을 내뱉으며 삶을 마감하는 것도 멋지지 않을까.

하지만 현실은 그렇지 못한 경우가 훨씬 더 많을 것이다.

나이 지긋한 어른들이 흔히 이야기하는 '이제 죽어도 여한이 없다'라는 말은 정말 극한의 고통을 겪는 투병자들이나, 상상할 수 없는 사건으로 인해 정신적 트라우마를 견뎌온 자들에게만 해당될 뿐, 평범한 죽음을 기다리는 사람들에게는 오직 두려움, 그 자체일 것이다. 인간의 세상에 여한 없는 죽음이 어디 있겠는가.

일분일초, 조금이라도 죽음을 늦추기 위해 삶에 매달리는 것은 자연스러운 본능이다.

그렇다면 특정 종교의 신을 믿는 상태에서는 과연 죽음의 공포에서 벗어날 수 있을까?

죽음과 사후의 세계를 다룬 여러 가지 신화의 기록들을 보면 해답을 찾을 수 있을지도 모르겠다.

인간이 기록한 가장 오래된 유물 중 하나인 수메르 점토판에는 길가메쉬Gilgamesh라는 영웅에 관한 이야기가 쓰여져 있다.

반인반신인 길가메쉬는 그리스 로마 신화를 비롯한 고대의 수많은 영웅담의 원형으로서 괴물을 무찌르기 위해 긴 여행을 떠나고, 중간에 친구를 만나 우정과 이별을 경험하기도 하며, 여신으로부터 강한 유혹을 받기도 하는 등 다양한 경험을 한다. 마침내 괴물을 물리치며 긴 여행의 끝에 선 길가메쉬가 느낀 것은 단 하나, 죽음에 대한 공포였다.

무한한 삶을 살고 싶었던 길가메쉬는 창세기에 나오는 에덴동산과 유사한 영적 세계에서 사는 우트나피쉬팀Utnapishtim이라는 노인을 만나게 되고 그에게 죽음을 피할, 영원한 삶을 사는 방법을 찾을 수 있게 도움을 청한다.

이 노인은 답을 알려주기 전에 우선 6일 낮 7일 밤 동안 잠을 자지 않고 깨어 있을 수 있는지 해보라고 한다. 길가메쉬는 할 수 있다며 자신있게 도전하지만 자리에 앉자마자 곧바로 잠이 들고 만다. 노인은 죽음을 피할 방법은 없으며 인간에게 죽음이란 잠처럼 필요한 것이라고 이야기해 준다.

기원전 3천여 년 전에 살던 현자의 죽음에 대한 가르침은 단순하다.

'잠처럼 받아들여라!'

그럼 죽음 이후에 우리는 어디로 가는가?

길가메쉬가 노인의 허망한 대답에 낙담한 채 고향으로 돌아오는 길, 함께 괴물을 퇴치하기도 했었지만 나중에 죽어버린 친구 엔키두의 영혼이 갑자기 나타나 사후 세계가 엄청나게 비참하다는 사실을 이야기해 준다. 우리가 가진 죽음에 대한 부정적인 인식의 시작이다.

죽음에 대한 이해가 좀 더 확장된 이집트의 사자의 서Book of

the Dead에는 보다 구체적인 설명이 되어 있다. 죽은 자의 심장과 타조 깃털을 함께 저울에 매달아 그 무게의 경중을 보고 지혜의 신 마아트Maat와 죽음의 신 아누비스Anubis, 복수의 신 호루스 Horus, 그리고 최고신 오시리스Ausir가 최종 판결을 내린다. 생전에 선행을 많이 쌓았는지의 여부에 따라 괴물 암무트Ammut에게 먹힐지 아니면 다시 새로운 육체로 부활될지가 결정된다. 삶이 죽음과 연속된다는 믿음의 시작이다.

다시 태어나는 것이 가장 좋은 것이라 여겼던 이집트인들의 생각과는 달리 힌두교와 불교의 기준에서는 육체가 다시 부활하는 것은 고통의 연장일 뿐이라 생각했다.

사람은 죽으면 계속 태어나게 되는 윤회輪廻의 수레바퀴에 놓인 가련한 존재인데 이런 고리를 끊기 위해서는 죽기 전에 깨달음을 얻어, 열반涅槃 - 산스크리트어로 니르바나निर्वाण - 하여 영원의 세계로 들어가 다시는 속세로 되돌아오지 않는 것이 삶의 가장 큰 목적이라고 하였다.

티베트 불교의 〈사자死者의 서書〉에 따르면 사람은 비록 죽은 후라도 망자의 혼이 떠도는 49일 안에 불법이 높은 고승이 망자 옆에서 기도를 해주면 누구나 해탈할 수 있다고 믿는다.

인간이 죽음에 대한 수많은 고민을 해온 만큼 사후의 영혼에 대한 수많은 의견들도 내 놓았다.

20세기 초 미국에서 실시한 엉성한 실험 덕분에 종교인 비종교인 할 것 없이 영혼의 무게가 21그램이라는 믿음이 떠돌아 다녔던 적도 있었고, 무신론자였으나 며칠간 뇌사상태에 빠져 임사체험을 하고 난 후 천국을 보았다고 주장하는 '권위 있는' 신경외과 의사도 있었다.

증명할 수 없는 것을 증명하려는 이상한 노력들, 완전히 죽은 후에 살아온 것도 아닌, 그저 죽음에 근접한 경험을 하고선 그것이 진짜 사후세계라 주장하는 다양한 시도들은 끊임없이 재생되고 진화하고 있다.

분명한 것은 UFO를 맹신하는 사람들처럼, 우리의 지적 능력으로는 해결할 수 없는 미지의 세계에 대한 정답을 갈구하는 '호기심 많은' 이들은 계속해서 새로운 주장들을 내놓을 것이다. 어쩌면 이들이야말로 모호한 삶 속에서 끝없이 정답을 찾기 위해 노력하는 구도자求道者일지도 모른다.

다음 글들을 읽어보면 죽음의 본질에 대한 해답을 못 찾아서 실망하거나, 죽은 뒤에 지옥에 갈지 불안해할 필요는 없을 것 같다.

"무릇 산 자는 죽을 줄을 알되 죽은 자는 아무것도 모르며, 다시는 상도 받지 못하는 것은 그 이름이 잊어버린 바 됨이라."

"무릇 네 손이 일을 당하는 대로 힘을 다하여 할지어다. 네가 장차 들어갈 음부(지옥)에는 일도 없고 계획도 없고 지식도 없고 지혜도 없음이니라"

- 전도서 9장

"삶도 아직 모르는데 죽음을 어찌 알겠는가? 未知生, 焉知死."

- 공자

죽음은 아무것도 아니다.

선택

종교의 다양성을 위한
틀에 박힌
종교 이야기

선택

또 하나의 선택이 있다.

계속해서 신의 존재를 '알 수 없고', 어떤 것이 진리인지 진짜인지 '모르겠고', 신의 뜻을 알 수 있는 '방법이 없다'라고 해왔다. 모르쇠로 일관한 이러한 주장 속에서 최종적으로 어떤 선택을 하면 좋은 것일까?

● 그래도 여전히 많은 사람들이 종교를 믿으니 좋은 게 좋은 거니 계속 믿어야 하나.

● 신은 나의 행복엔 별 관심 없는 것 같은데 다른 신으로 갈아타 볼까.

● 이제 신에게서 벗어났으니 더 자유롭고, 방탕하게 재밌는 삶을 살 수 있겠구나.

● 본격적으로 나에 대해서, 세상에 대해서 계속 공부를 하는 수밖에 없으려나.

어떠한 선택을 하든 아무도 뭐라 할 사람은 없을 것이다. 강한 종교적 힘으로 전통을 이어가고 있는 국가나 가정에서 개개인이 저마다 원하는 선택들을 하기가 조금 더 힘들 뿐, 지금의 우리 사회는 본인의 의지만 있다면 어떻게든 개인의 결정이 충분히 존중받을 수 있는 자유롭고, 성숙된 사회에서 살아가고 있다.

어떤 선택을 하든지 현실적인 감각과 의심나는 것에 조금 더 호기심을 부릴 수 있고, 중용의 도를 지키는 마음만 잃지 않는다면 어떤 선택을 해도 즐거운 삶을 살 수 있을 것이다.

감히 선택지 중 하나를 추천하자면, 새로운 종교를 믿는 것이다. 바로 부모교父母敎이다.

뜬금없는 결론에 당황할 수도 있겠지만 생각해보면 그렇게 황당한 제안도 아니다.

부모와 자식의 관계는 우리 인간이 삶에서 맺는 관계 중 무조건적인 믿음을 가져야 하고, 무조건적인 사랑을 해야 하며, 무조건적인 희생을 주고받는 유일한 관계이다.(태어나자마자 아이를 버리고, 살해하고, 자식이 부모를 죽이는 사건들이 끊임없이 일어나지만, 이는 극히 미미한 확률로 벌어지는 일이라 믿고 싶다.)

고대사회에서도 부모를 공경하며 끊임없이 존경과 믿음을 가져 왔고, 많은 종교에서의 주요 신들은 인간 세상의 아버지, 어머니와 흡사한 지위를 누려 왔다. 모세의 십계명을 비롯하여 고대 이집트와 바빌로니아, 고대 중국, 인도 등 대부분의 사회에서 공통적으로 발견되는 문화현상이다. 조상에 대한 제례를 엄격히 지키지 않는 사회는 거의 존재하지 않았다. 그만큼 과거부터 선인들의 정신을 소중하게 이어받아 온 것은 우리가 가진 문화유전자Meme[27] 중 하나일 것이다.

부모를 믿는 교리에 더해 여러 종교가 가진 단점들만 건져내면 훌륭한 종교가 될 것이다. 진짜 '살아있는' 부모교를 믿으면 어떠한 폐해도 없다.

누구에게 믿음을 강요할 필요도 없고, 사후세계에 대한 쓸데없는 불안감에 시달릴 이유도 없고, 실체 없는 우상을 숭배할 필요도 없으며, 다른 신에 비해 기도에 대한 응답률이 현저히 높아서 즉각 결과를 받을 수도 있다.(대부분 안 된다는 답이 훨씬 많겠지만.)

나의 신을 두고 서로 가지겠다고 싸우는 일도 결코 없을 것이다.

혹여 부모님이 일찍 돌아가신 사람들이나, 입양되어 얼굴조차 모르는 사람들, 학대를 일삼던 못된 부모의 기억만 가진 사람들

---

27) 리처드 도킨스가 이기적인 유전자(1976)에서 사용한 사회진화론적 용어로 한 사람이나 집단에게서 다른 사람이나 집단에 생각, 믿음이 전달될 때 그 내용을 전달하는 유전자.

은 다른 부모의 이미지를 빌려다 쓸 수 있다. 옆집의 인자한 아버지가 될 수도, 역사 속의 따뜻한 어머니상이 될 수도, 아니면 마리아가 되었든, 아프로디테가 되었든 그 좋은 이미지만을 차용하면 될 것이다.

일반적으로 자식을 가진 부모들은 아이들의 신으로 자연스럽게 남아있으면 된다. 그 아이들은 또 다른 자식들의 신으로 남고 계속 반복되어 '신앙'이 누적될 것이다. 누적된 신앙은 가족 내부에서만 끝낼 일이지 밖으로 자랑할 일도, 숨겨야 될 일도 아닌 지극히 개인적이고 자연스러운 신앙으로 남아야 할 것이다.

역사공부인지 지리공부인지 모를 복잡한 외국의 경전공부를 할 필요도, 신전에 가서 억지로 기도할 필요도 없다. 고대사회에부터 내려오는 기본적인 규율들, 살인하지 말고, 남의 물건을 빼앗지 말고, 어른을 공경하고, 잘못을 저질렀으면 보상해야 된다는 등 유치원에서 모두 배워온 몇 가지 기초적인 것만 '교리화'하면 다른 가정과 사회와 국가와 충돌할 일은 절대로 없을 것이다.

단순히 우스갯소리로 들릴 수도 있고, 실현 불가능한 것으로 여겨질 수도 있다. 하지만 신을 생각하는 마음이 어디서부터 왔는지, 나의 근원부터 공부를 해보자는 의도를 생각하면 진짜 믿음의 기원과 마음의 안정을 찾는 데 도움이 될 것이다.

끝으로 기존에 신앙생활을 하던 사람들은 '종교를 버리게 되면 몸과 마음이 허전할 텐데 앞으로 어찌 해야 할지' 고민이 생길 수도 있겠다. 그런 분들에게는 다음의 글을 전해드리고 싶다.

"단순하지만 누를 길 없이 강렬한 세 가지 열정이 내 인생을 지배해왔으니, 사랑에 대한 갈망, 지식에 대한 탐구욕, 인류의 고통에 대한 참기 힘든 연민이 바로 그것이다. 이러한 열정들이 나를 이리저리 제멋대로 몰고 다니며 깊은 고뇌의 대양 위로, 절망의 벼랑 끝으로 떠돌게 했다."

- 버트런드 러셀[28]

굳이 신의 이름과 권위를 빌리지 않고서도 세상은 충분히 아름답고 행복할 수 있다.

모든 것을 사랑하는 마음을 가지고, 알려지지 않은 모든 지식을 정복하기 위해 끝없는 열정을 가지며 살아야 한다.

28) Bertrand Russell(1872~1970): 영국의 수학자, 철학자, 역사가. 냉철한 이성을 바탕으로 학문적 업적 외에 반전운동, 반제국주의 운동, 핵무장 반대운동 등 평화주의자로서 활발한 활동을 함. 1950년 인본주의와 양심의 자유를 대표하는 다양하고 중요한 저술을 한 공로를 인정받아 노벨 문학상을 수상.

그리고 항상 어떠한 틀이든 깨어질 수 있다는 열린 마음을 가지고 생활한다면, 고뇌의 바다와 절망의 절벽으로 떨어질 일은 결코 없을 것이다.